Balkon und Terrasse

KOSMOS

Ursula Braun-Bernhart

Balkon und Terrasse

KOSMOS

Inhalt

GESTALTUNG 5

Sitzplätze so richtig zum Genießen 6
Mini-Balkone im Rampenlicht 8
Kästen – traumhaft schön bepflanzt 10
Die Terrasse, ein Ort zum Ausruhen 12
Die farbenfrohen Balkonstars 14
Was Ihnen im Schatten so blüht 16
Urlaub – Auftanken auf Balkonien 18
Rosen gehören einfach dazu 20
Pflanzen für Schnuppernasen 22
Hängepflanzen, wie schön! . . . 24
Sichtschutz mit Kletterpflanzen 26
Gourmet-Töpfe vom Feinsten 28
Kräuter sind überall willkommen 30
Schaffen Sie ein Kinderparadies 32
Schönes für draußen 34

PRAXIS 35

Augen auf beim Pflanzenkauf 36
Kästen, Töpfe und Schalen 38
Kästen und Schalen bepflanzen 40
Pflegetipps für den Topfgarten 42
Tipps zur Pflanzenvermehrung 44
Topfpflanzen brauchen Winterschutz 46
Pflegekalender rund ums Jahr 48

PORTRÄTS 49

Klassiker 50
Strukturpflanzen 66
Zwiebelpflanzen 68
Sukkulenten 70
Kübelpflanzen 72
Kletterpflanzen 80
Kräuter 82
Obst 86
Gemüse 88

ANHANG 90

Gestaltung

Sitzplätze so richtig zum Genießen

Romantischer geht es nicht. Umgeben von prachtvollen Hortensien und Rosen lenkt die Holzbank alle Blicke auf sich. Bunt bedruckte Blütenkissen und ein Moskitonetz sind die Hingucker.

Wer träumt nicht davon, an freien Tagen auf dem Balkon zu frühstücken oder den Feierabend im Freien zu genießen, umgeben von Blumen und Pflanzen? „Mein Balkon ist viel zu sonnig, da kann doch nichts gedeihen", oder „er ist zu klein" werden Sie jetzt vielleicht denken. Weit gefehlt, denn für jedes Problem findet sich eine Lösung!

Profi Tipp von mein schöner Garten

Wer Zeit und Muße hat, kann sich seine Balkonpflanzen im zeitigen Frühjahr leicht und preiswert durch Aussaat selbst heranziehen. Denn Geranien, Petunien & Co. gedeihen prima auf der warmen Fensterbank.

Darum packen Sie es an und verwirklichen Sie Ihren Traum-Balkon. Es gibt kaum etwas Schöneres, als in Blüten, Farben und Düften zu schwelgen. Seien es gefüllte Begonien oder blauer Rittersporn, der Blütenzauber einer Bougainvillee oder der wundervolle Duft einer Rose – die Faszination von Pflanzen ist einfach unvergleichlich.

Schattenspender und Sichtschutz

Für einen extremen Sonnenbalkon beispielsweise bieten sich neben den üblichen Schattierungshilfen wie Markisen, Sonnensegel oder Sonnenschirm auch eine reiche Auswahl an Pflanzen an. Sie spenden neben Schatten auch Sichtschutz.

Wärme liebend und kletterfreudig zugleich sind Prunkwinde, Passionsblume oder Sternjasmin. Wer viel Platz hat und praktisch denkt, gönnt sich zum Beispiel ein Kiwi-Pärchen (mindestens eine weibliche und eine männliche Pflanze). Die sorgen nicht nur zur Blütezeit für Aufsehen. Man wird Sie auch im Herbst um die vitaminreichen Ernte beneiden.

Romantiker dagegen pflanzen Kletterrosen und kombinieren sie mit Duftpflanzen wie beispielsweise der Wunderblume (*Mirabilis jalapa*), die abends ihre attraktiven Blüten öffnet und einen wundervollen Duft verströmt. Beeindruckend sind auch Wicken. Allerdings sind sie manchmal etwas launisch und erreichen trotz Kletterhilfe und optimaler Nährstoffversorgung keineswegs die erhoffte Größe. Aber das zarte Parfüm der dekorativen Blüten ist einfach faszinierend. Neben Kletterpflanzen sind Kübelpflanzen prima Schattenspender, besonders wenn sie mannshoch und breit ausladend gewachsen sind. Dazu gehören vor allem Exoten wie Korallenstrauch, Zylinderputzer, Oleander, Zwerg-Dattelpalme, Gewürzrinde oder Zitrus-Gewächse. Durch sie gewinnt der Sitzplatz an mediterranem Flair. Und: Sie können sich durchaus neben Klassikern wie Pelargonien, Petunien, Fuchsien, Fleißigen Lieschen, Begonien, Margeriten oder Ziertabak sehen lassen.

Hier zeigt sich der Sommer in seiner schönsten Pracht. Farbenfroh umrahmen Sonnenblumen, Rosen, Rittersporn und Margeriten die elegante Sitzgruppe. Eine liebevolle Blüten-Oase zum Genießen.

Mini-Balkone im Rampenlicht

Attraktiver Hingucker und variabel einsetzbar: Ecketagere aus Metall mit eingehängten, bunt bepflanzten Tontöpfen.

Die Durchschnittsgröße eines Balkons beträgt selten mehr als 6 bis 8 m². Ein kleiner Balkon ist daher eine große Herausforderung. Zunächst mal ist es sinnvoll, eine Checkliste mit allen Wünschen zu erstellen und den Platzbedarf dafür zu ermitteln. Problematisch sind auch lange, sehr schmale Balkone. Hier lässt sich eine Sitzecke nur als Platzspar-Version einrichten.

Die Ausstattung

Je kleiner der Balkon ist, umso sinnvoller ist die Anschaffung von Klappstühlen. Auch der Tisch sollte zusammenklappbar sein. Halten Sie am besten Ausschau nach einem Modell, das sich an der Balkonwand befestigen lässt. Zusammengeklappt braucht der Tisch nur ganz wenig Platz und lässt somit Freiraum. Sinnvoll sind Pflanzkörbe, die man an die Wand dübeln kann und Hängeampeln, die entweder an der Decke oder an einer Wandhalterung befestigt werden können.

Geschickte Handwerker bauen sich in die Nische eine Sitzbank mit Rollcontainern als Stauraum. Dafür werden als Stütze Porenbetonsteine angepasst und als Sitzfläche Holzlatten verwendet. Als Rückenlehne bespannt man ein Stück Sperrholzplatte mit Schaumstoffpolstern und mit Stoff. An die Holzkisten werden Möbelrollen geschraubt und die Stauboxen werden unter die Sitzfläche geschoben. Besonders schön wirkt das Ganze, wenn Sie es anstreichen, zum Bei-

Ganz schön pfiffig: Metallständer mit Blechtöpfen. Sie passen auf jeden Balkon, sind flexibel zu bepflanzen und ein praktischer Sichtschutz.

Wunderschöner Sitzplatz in maritimem Look. Außer der roten Pelargonie und der Kokardenblume 'Fackelschein' sind die Pflanzen in Blau-Weiß gehalten. Margeriten, Glockenblumen und Kosmeen in Weiß; majestätischer Rittersporn und Glockenblumen in Blau.

spiel in einem zarten Gelb oder Blau. Als Sitzmöbel für einen schmalen Balkon eignet sich auch eine Bank. Hier haben je nach Länge bis zu vier Personen Platz. Links und rechts daneben machen sich größere Blumenkübel sehr schön.

Blütentraum auf kleinstem Raum

Bei der Balkonkasten-Bepflanzung, die außerhalb des Geländers untergebracht ist, sollten Sie auf eine großzügige Gestaltung achten. Es empfiehlt sich ein paar wuchsfreudige Hängepflanzen wie Surfinia-Petunien, Kapuzinerkresse, Pelargonien oder die Schwarzäugige Susanne mit in den Kasten zu geben. Diese bilden so lange Ranken, dass das Balkongeländer den Sommer über von außen weitgehend blickdicht ist. Putzen Sie Verblühtes regelmäßig aus.

Für die Wand sind so genannte „Halbschalen“ praktisch. Man kann sie wunderbar in abgestuften Höhen gruppieren. Für die Bepflanzung eignen sich je nach Lage Männertreu, Pelargonien, Fleißige Lieschen, Fuchsien, Aztekengold, Drehfrucht (*Streptocarpus saxorum*), Pentas oder die Schneeflockenblume. Empfehlenswert sind auch Gräser oder klassische Steingartenpflanzen wie Steinbrech oder Dachwurz. Außerdem gibt es Kletterspaliere, an denen zum Beispiel Rosen, Wicken oder Trichterwinden für Aufsehen sorgen.

Profi Tipp von mein schöner Garten

Ein kleiner Balkon verlangt mehr als jeder andere nach einer individuellen Lösung. Am besten schauen Sie sich im Gartencenter oder bei Gartenbedarfs-Versendern nach Platz sparenden Spalieren, Pflanzen-Etageren und Lösungen für die Wand um, dann bleibt Ihnen auf der Grundfläche mehr Platz für Tisch und Stuhl oder gar einen bequemen Sessel.

Kästen – traumhaft schön bepflanzt

Hängepetunien sind einfach unschlagbar schön und äußerst anpassungsfähig. Hier teilen sie den Platz im Kasten mit Harfenstrauch (Plectranthus), *einer äußerst robusten Strukturpflanze, die weiß-grün panaschierte Blätter an langen Ranken treibt.*

Der Balkonkasten ist das Aushängeschild jedes Hobbygärtners. Er schmückt in der Regel Balkongeländer, Treppenaufgänge und belebt Hausfassaden, an denen die bepflanzten Kästen auf dem Fenstersims stehen. Das heißt, die Rahmenbedingungen sind zwar vorgegeben, dafür sind den Gestaltungsmöglichkeiten im Topf keine Grenzen gesetzt. Ideen lassen sich nach Lust und Laune verwirklichen. Denn die Pflanzenvielfalt lässt keine Wünsche offen, ganz gleich ob es sich um einen Platz an der Sonne, im Halbschatten oder Schatten handelt: Die verrücktesten Farben- und Blütenspiele sind möglich.

Wer hat den schönsten Blumenschmuck fürs Balkongeländer?

Vor allem beim Balkongeländer gilt es zu überlegen, ob Sie die Kästen außen anbringen und somit für einen bunten Hingucker vom Hof oder der Straße aus sorgen oder die Kästen lieber innen befestigen. Dann haben sie selbst natürlich mehr davon, wenn Sie auf

Power in Rot: Temperamentvoll präsentieren sich Petunien, Ziertabak und Begonien, dazu eine weiße Nelke (von oben nach unten).

Ein blau-lila Blütentraum mit Männertreu, duftender Vanilleblume, roter Verbene und Leberbalsam. Für einen eleganten Kontrast sorgt eine cremefarbene Kapmargerite (Osteospermum *Springstar®*).

dem Balkon sitzen. Allerdings braucht diese Lösung auch Platz. Bei starkwüchsigen, hängenden Pflanzen wie Petunien, Geranien (Pelargonien), Fleißigen Lieschen, Fuchsien oder Hängerosen sind das schnell 0,5 m und mehr, die sie in Anspruch nehmen. Wenn Sie einen sehr schmalen Balkon haben, stellt sich die Frage erst gar nicht. Die Kästen müssen zwangsläufig außen platziert werden. Eine dritte Möglichkeit wäre die Balkonbrüstung, sofern sie die entsprechende Breite hat. Ganz gleich wo der Balkonkasten steht, vergessen Sie nicht, ihn gut zu sichern, sonst geht er bei Wind und Wetter über Bord.

Wohlfühlplätze für Ihre Balkonlieblinge

Bevor Balkonpflanzen eingekauft werden, müssen Sie unbedingt die Standortfrage klären. Denn Sonnenpflanzen wie Löwenmäulchen, Blaue Mauritius, Hahnenkamm, Elfensporn oder Kapkörbchen verkümmern an einem Schattenplatz. Genauso ist es bei umgekehrten Verhältnissen. Mehrjährig wachsende Blattschmuckstauden wie Efeu, Funkien oder Fuchsien, Fleißige Lieschen und Buntnesseln (*Solenostemon scuttelarioides*) werden nur im Schatten und Halbschatten zur Augenweide.

Profi Tipp von mein schöner Garten

Balkonkästen werden in der Regel Mitte Mai bepflanzt. Einjährige Balkonpflanzen sind dann noch recht klein, sie werden aber innerhalb kurzer Zeit einiges an Umfang zulegen. Darum unbedingt eine Hand breit Abstand zur nächsten Pflanze lassen. Bei zu dichter Pflanzung steigt die Gefahr von Schädlings- oder Krankheitsbefall.

Blüten ohne Ende

Hier eine Auswahl der bewährtesten Balkonpflanzen – mit Schwerpunkt Blühfreudigkeit: Petunien, gefüllte Hänge-Petunien (Conchita® Doble), Verbenen (Superbena®), Aztekengold, Elfenspiegel, Männertreu, Kapuzinerkresse, Studentenblume, Vanilleblume, Knollen-Begonien, Pelargonien, Fuchsien und auch Fleißige Lieschen machen ihrem Namen alle Ehre.

Die Terrasse, ein Ort zum Ausruhen

Herbstzauber®: leuchtende Chrysanthemen, weißbunter Kalmus, Wolfsmilch, Efeu und Purpurglöckchen im großen Terrakotta-Kübel stimmen fröhlich und können geschützt den Winter über draußen bleiben.

Wer eine Terrasse hat, kann sich freuen. Denn es gibt nichts Schöneres, als draußen zu sitzen, zu träumen und zu genießen.

Wie dieser Freiluft-Platz nun eingerichtet wird, ist Geschmacks- und nicht zuletzt auch Erfahrungssache. Wer von Kindheit an nicht viel mit Pflanzen zu tun hatte, wird eher pragmatisch an die Gestaltung gehen. Pflanzenliebhaber dagegen werden sich voll ausleben und jeden Fleck für ihre Bedürfnisse zu nutzen wissen.

Erholung direkt vor dem Haus

Im Gegensatz zum Balkon handelt es sich bei der Terrasse in der Regel um einen größeren Vorbau oder ein ebenerdig angrenzendes Areal am Haus. Sie hat selten ein Geländer und meist auch keine Überdachung. Anders als auf dem Balkon können Pflanzen an den Randzonen direkt in die Erde gepflanzt werden. Hier ist es zunächst einmal wichtig, eine dauerhafte Rahmenbepflanzung zu schaffen. Dafür stehen zahlreiche Kleingehölze, Bambus, Rosensträucher und unendlich viele Stauden zur Verfügung. Angenehmer Nebeneffekt: Ausdauernde Pflanzen sind im Terrassenbeet pflegeleichter als im Topf, außerdem kommen sie auch viel länger ohne Wasser aus.

Ob die Terrasse kunterbunt mit Balkonblumen, exotisch mit Kübelpflanzen oder schlicht mit ein paar klein bleibenden Bäumchen ausgestattet wird, richtet sich nach dem persönlichen Geschmack. Das Foto rechts zeigt ein etwas schlichteres Beispiel, bei dem Grün dominiert. Für Farbkleckse sorgen blau blühende Hortensien und die strahlenden Stiefmütterchen auf dem Tisch. Ein idealer Ort zum Ausruhen, Lesen oder Plaudern.

Blütenträume für Experimentierfreudige

Es gibt Terrassen, die scheinen geradezu in einem Blütenmeer zu ertrinken. Vom Frühjahr bis in den Herbst hinein kommt man aus dem Staunen gar nicht mehr heraus. Ganz klar, dass hier auch mehr Arbeit anfällt. Verblühtes muss immer wieder entfernt werden, tägliches Gießen ist angesagt und wenn Sie keinen Depotdünger (hält sechs Monate) einsetzen, ist auch regelmäßiges Düngen nötig.

Und dann gibt es Terrassen, die sind so groß, dass sie kleinen Paradiesgärten gleichkommen. Ausgestattet mit Blumen, Obstgehölzen, Blütensträuchern, Kräutern, Palmen und anderen exotischen Gewächsen, einer Hängematte, einem Planschbecken für Kinder sowie einer großen Sitzgarnitur für die Familie und zum Feiern mit Gästen.

Terrassenschönheit Kübelpflanze

Farbenfroh, romantisch oder exotisch – schmücken Sie Ihr Reich mit Ihren Lieblingspflanzen! Ganz vorne auf der Hitliste der Kübelpflanzen stehen Zitrusbäumchen. Empfehlenswert sind Zitrone, Clementine, Calamondin oder Kumquat. Unter optimalen Bedingungen können Sie sich auch bei noch kleinen Bäumchen über köstliche Früchte freuen. Sehr attraktiv zeigt sich Jasmin. Verschwenderisch verströmen seine weißen Strahlenblüten ein bezauberndes, süßes Parfüm. Ebenfalls wunderbar duftend ist die Engelstrompete (*Brugmansia*-Hybride). Kleiner Nachteil: Sie braucht sehr viel Wasser und viel Dünger. Zu den weiteren Klassikern zählen der Chinesische Roseneibisch (*Hibiscus*) und der Oleander (*Nerium oleander*). Oleander ist allerdings wie die Engelstrompete in allen Teilen giftig.

Wer eine ausgesprochene Sonnenterrasse hat, sollte auf eine *Bougainvillea* nicht verzichten. Egal, ob magentarot, purpurviolett oder orange, die Leuchtkraft ihrer Blüten ist nahezu unschlagbar. Als sehr blühfreudig erweisen sich auch Zistrosen (*Cistus*; roséfarbene Blüten) und Bleiwurz (*Plumbago*; himmel- bis violettblaue Blüten). Sie wirken nur etwas bodenständiger als die *Bougainvillea*.

Entscheidend für die Entwicklung jeder Kübelpflanze sind neben Standort und Witterung auch die richtige Größe des Gefäßes und eine ausgewogene Düngung. Überprüfen Sie die Gewächse immer wieder auf Schädlinge und Krankheiten, um bei Befall gleich Gegenmaßnahmen einleiten zu können.

Strukturieren und Einrichten

Ein häufiger Nachteil von Terrassen: Sie sind meist von allen Seiten leicht einsehbar. Bei den kleinen Grundstücken der heutigen Reihenhaussiedlungen kann es schon passieren, dass Sie dem Nachbarn auf der Terrasse auf den Teller sehen können. Um hier Abhilfe zu schaffen, ist es ungemein wichtig, die Terrasse zu gliedern. Der Sitzplatz zum Beispiel braucht am meisten Schutz, denn hier möchte man sich möglichst ungestört aufhalten können. Gehölze, Kletter- und große Kübelpflanzen eignen sich hervorragend zur Abschirmung, wie beispielsweise Bleiwurz, Enzianstrauch, ein Kiwipflanzen-Pärchen oder Kletterrosen. Auch große Pflanzkübel, zum Beispiel aus Kunststoff oder Holz mit integrierten Rankhilfen, verhelfen zu einer intimen Atmosphäre. Mobile Pflanzgefäße können bei Bedarf immer wieder neu platziert werden.

Wenig Zeit zum Pflegen? Dann bietet sich eine Gestaltung mit Gehölzen, Stauden und Sträuchern an.

Die farbenfrohen Balkonstars

Ohne Geranien und Petunien läuft wirklich nichts. Auch wenn sie längst zu den Oldies zählen, ihrem Liebreiz kann sich kaum jemand entziehen. Zu Beginn jeder Saison, wenn man die Gestaltung seiner Gefäße plant, denkt man sich, „dieses Jahr nimmst Du mal keine Geranien, und immer Petunien am Treppenaufgang sind auch langweilig". Aber spätestens dann, wenn man beim Gärtner steht, kommt man sich wie ein Verräter vor. Von wegen Petunien sind langweilig. Nie haben sie enttäuscht. Ihre Blütenform mag ja auf den ersten Blick geblieben sein, aber die stets neuen Farben sind einfach unwiderstehlich. Deshalb besticht der Treppenaufgang wieder mit Petunien. Dieses Mal mit gefüllten Blüten: 'Conchita® Blue' und 'Conchita® Doble Pink'.

Geranien sind wahre Evergreens. Trotz unzähliger neuer Balkonpflanzen sind sie unangefochten die Nr. 1 unter den Balkonblumen.

Die haut so schnell nichts um

Wie die vergangenen Jahre gezeigt haben, kann es auch bei uns super Sommerwetter mit langen Hitzeperioden geben. Viel Sonne, große Hitze und kaum

Auch Petunien gehören unter die Top Ten. Sie sind zwar sehr blühfreudig, aber nicht ganz so hart im Nehmen – zum Beispiel nach heftigem Regen – wie Geranien.

An diesem Sitzplatz möchte man sich gerne niederlassen und eintauchen in die unendliche Farben- und Formenvielfalt der Blumen. Auf dem Tisch eine Begonie, vorne rechts die verschiedensten Geranien.

Niederschläge können auch Pflanzen ganz schön zu schaffen machen. Geranien und Petunien halten jedoch gut durch. Ebenso Fächerblume (*Scaevola*), Goldzweizahn (*Bidens*), Schmuckkörbchen (*Cosmos*), Zauberglöckchen (*Calibrachoa*), Studentenblume (*Tagetes*), Wandelröschen (*Lantana*) und Zinnie (*Zinnia*). Ganz wichtig bei anhaltender Hitze ist natürlich eine ausreichende Wasserversorgung. Zweimal täglich kräftig gießen ist zwingend erforderlich. Am besten morgens und abends nach Sonnenuntergang.

Blumenkästen wie gemalt

Wenn Sie es besonders auffällig lieben, dann nutzen Sie die Macht der Farben. Interessant ist ein Farbenspiel in Rot-Pink: Tiefrote Fleißige Lieschen (*Impatiens Neuguinea*), pinkfarbene Surfinia® mit dunkler Mitte und zur Auflockerung dieser beiden Schönheiten eignen sich hängende Strohblumen (*Helichrysum petiolare*), deren kleine Blätter silberfarben schimmern.

Ein wahres Power-Trio sind gelbe Margeriten (*Argyranthemum* 'Butterfly'), die rötlich-gelb marmorierte Petunie Millionbells® 'Terracotta' und die rote Verbene 'Temari Scarlet'. Prachtvolle Schattenstars sind: Knollen-Begonien (*Begonia tuberhybrida*) in Gelb und Orange, Fleißige Lieschen (*Impatiens walleriana*) in Lachsrosa, Leberbalsam (*Ageratum*) in Pink und Efeu (*Hedera helix*) als Hängepflanze.

Eine Gute-Laune-Kombination kreieren Sie mit gelben Goldtaler 'Gold Coin' (*Asteriscus maritimus*), blauen Tapien-Verbenen (*Verbena* Hybriden), einer ebenfalls blauen, wohl duftenden Vanilleblume (*Heliotropium arborescens*), orangefarbenen Kapkörbchen (*Osteospermum*) und roten, stehenden Bauern-Geranien (*Pelargonium-Zonale*-Hybriden). Große, ballartige Blüten sind ihr Markenzeichen.

Was Ihnen im Schatten so blüht

Fleißige Lieschen und Fuchsien gehören zu den Allroundtalenten. Auch bei wenig Sonne haben sie unzählige Blüten und eine wunderschöne Farbenpracht zu bieten. Ideal für diesen Ost-Balkon: helle Accessoires und weiß gestrichene Wände.

Liegen Balkon oder Terrasse im Halbschatten oder Schatten, bedeutet dies nicht zwangsläufig das Aus für Blütenpflanzen. Lediglich die Auswahl ist begrenzter. Ein Schattenbalkon bedeutet, dass er keine Sonne abbekommt oder nur wenig.

Deshalb sollte man, wie im Foto oben zu sehen ist, Wände oder Mauern möglichst hell, am besten weiß oder leuchtend gelb streichen und auch das Mobiliar in hellen Farben auswählen. Diese Maßnahmen ändern zwar nichts an der Tatsache, dass sonnenliebende Blumen im Schatten keine Chance zum Überleben haben und schon gar nicht zum Blühen kommen, es hilft jedoch, dass die Atmosphäre in Ihrem Freiluftzimmer etwas freundlicher wird.

Liegt Ihr Balkon im Halbschatten, erreichen ihn zumindest ein paar Sonnenstunden pro Tag (vorausgesetzt dass sie überhaupt scheint), so ist das natürlich von großem Vorteil. Denn die meisten Pflanzen kommen damit gut zurecht, seien es klassische Balkonpflanzen, Stauden oder Gehölze.

Bemerkenswerte Stimmungsaufheller

Doch keine Angst, es gibt durchaus ein paar Pflanzen, die das Vorurteil „im Schatten wächst nichts“ aus dem Weg räumen. Zu diesen außergewöhnlichen Balkonstars zählen Fleißige Lieschen, Fuchsien und Knollen-Begonien. Haben sie erst mal Fuß gefasst, gewinnt man fast den Eindruck, als ob sie hier erst richtig auftrumpfen und uns ihre Schönheit mit einem kessen Lächeln offenbaren. Die Blütenfarben trotzen dem Lichtmangel mit noch mehr Leuchtkraft. Wenn man dieses Trio beziehungsweise die verschiedenen Sorten noch nie in Augenschein genommen hat, weiß man gar nicht, was einem blüht. Die Farben- und Formenvielfalt der Lieschen und Fuchsien ist enorm groß und lässt kaum eine Facette aus. Bei den Begonien sind es eher die Blütenformen, die für Aufsehen sorgen. Doch auch Primeln (*Primula denticulata*), Hängepolster-Glockenblumen (*Campanula poscharskyana*), die buntlaubige Taubnessel (*Lamium*), das rotblättrige Labrador-Veilchen (*Viola labradorica*) und Bitterwurz (*Lewisia cotyledon*), Azaleen und Rhododendron blühen im Schatten. Attraktiv gesellen sich Blattpflanzen dazu, zum Beispiel Efeu, immergrüne Farne, Hainsimsengras, Funkien oder Buchs.

Traditionspflanze begeistert mit neuen Farben

Ebenso mit von der Schatten-Partie sind Buntnesseln (*Solenostemon scutellarioides*), auch als Coleus bekannt. Mit verbesserten Wuchseigenschaften und neuen Farben feiern sie ihr Comeback. Noch vor Jahren konzentrierte sich ihr Auftritt auf Parkanlagen und städtisches Grün. Doch nun haben sie mit einem Paukenschlag den Topfgarten erobert. Das Besondere sind die Blattfärbungen und Muster. Neuheiten wie 'Black Prince' treiben schwarze Blätter mit einem grünen Rand, 'Sedona' kupferfarbene Blätter mit purpurfarbenem Rand und 'Ruffles' fasziniert mit eichenförmigen, gerüschten Blättern in Samtrot mit zartgrünem Rand. Die Sortenauswahl ist riesig und ihre Laubfärbung so einmalig, dass man sich schwer nur für eine Pflanze entscheiden kann.

Die kirschroten Fleißigen Lieschen (Nino® Antonia) überzeugen mit leuchtenden Blüten. Sie heben sich wunderbar von den Grünpflanzen und der Buntnessel ab.

Hosta, die Primadona unter den Blattschmuckstauden

Es gibt unglaublich viele interessante Funkien-Sorten wie 'Wide Brim' (Bild siehe Seite 77) mit relativ breiten, herzförmigen dunkelgrünen Blättern und einem breiten rahmgelben Rand. Bei der Sorte 'Francee' haben die ebenfalls grünen Blätter einen schmalen weißen Rand. Eleganz ist diesen Pflanzen von Natur aus gegeben. Pflanzen Sie Funkien in jedes beliebige Gefäß. Allerdings muss es um etwa ein Drittel größer sein als der Wurzelballen. Gerne werden die eleganten Blätter in der Floristik und zum Dekorieren verwendet. Ein bunter Rosenblumenstrauß mit einer dichten Manschette aus Hostablättern oder einfach einzelne Blätter in schlichten Wassergläsern sehen toll aus.

Perfekt: Funkien im Terrakotta-Topf

Urlaub – Auftanken auf Balkonien

Es gibt viele Möglichkeiten, sich vom Alltags-Stress zu erholen. Eine davon kann man sich ohne großen Aufwand zu Hause einrichten: nämlich einen gemütlichen Sitzplatz oder eine Hängematte zum Träumen auf dem Balkon oder der Terrasse. Das hat mehrere Vorteile: Man tritt lediglich aus der Wohnungstür raus und muss nicht erst zu einem Naherholungsgebiet fahren. Und man kann diese Oase bei schönem Wetter ausgiebig genießen und nicht nur vorübergehend.

Checkliste vor dem Saisonstart

Sobald der Winter sich verabschiedet, sollten Sie sich Gedanken darüber machen, wie Ihre „Wohlfühl-Insel“ in diesem Jahr aussehen soll. Wollen Sie die überwinterten Kübelpflanzen vom vergangenen Jahr mit ein paar neuen Gewächsen ergänzen oder reichen diese noch aus? Benötigen die Balkonmöbel einen neuen Anstrich, vielleicht in griechischem Blau oder ist die vorhandene Patina für sie genau recht. Beim Aufstel-

Sitzplatz zum Träumen: Citrus-Bäumchen, Oleander, Bougainvilleen, viele Kräuter und der blaue Stuhl vermitteln Griechenland-Feeling. Der Clou: bepflanzte Konservendosen.

Beneidenswerte Üppigkeit mit südlichem Flair: Prachtvolle Fuchsien, Oleander, Engelstrompete, verschiedene Palmen und Zierbananen bieten Sichtschutz für den romantischen Terrassen-Sitzplatz aus Holzmöbeln.

len der Möbel sollten Sie unbedingt den Stand der Sonne beobachten, beispielsweise in welcher Ecke die Sonne aufgeht, wo sie in den Mittagsstunden steht und wo sie untergeht.

Pflanzen mit mediterranem Flair

Sehr beliebt, aber anspruchsvoll ist die Zierbanane. Sie braucht sehr viel Wärme, Wasser und einen windgeschützten Standort. Ansonsten bleibt sie klein und wenig spektakulär.

Ebenso verbreitet sind Zitrusgewächse. Am bekanntesten sind sicherlich Zitrone und Kumquat. Ein wahrer Geheimtipp für Genießer ist die kernlose Clementine (*Citrus* x *reticulata* 'Clementine'). Am besten werden Zitruspflanzen ausschließlich mit Regenwasser gegossen (Staunässe vermeiden) und wöchentlich mit einem Zitrusdünger versorgt. Dann können Sie damit rechnen, dass die Blätter auch schön grün werden.

Die bezaubernden Bougainvilleen gehören ebenfalls zu den Trendsettern. Sie blühen unter optimalen Bedingungen je nach Sorte violett, magentarot, orange und weiß und das viele Wochen lang.

Pflegeleicht und weit verbreitet ist der Lavendel. Die vielen verschiedenen Arten und Sorten erfreuen ebenfalls über mehrere Wochen hinweg mit attraktiven Blüten und einem herrlichen Duft. Mit essbaren Kräutern wie Rosmarin, Oregano, Thymian und Currykraut kommt die würzige Komponente mit ins Spiel.

Und so richtig exotisch wird es mit der Orangenblume, der Gewürzrinde oder dem Korallenstrauch. Entscheidend für den Erfolg mit diesen Exoten sind ein warmer, sonniger Standort (mit Ausnahme des Korallenstrauchs, er verträgt keine Mittagssonne) und die richtige Überwinterung. Denn keine dieser Kübelpflanzen ist winterhart. Das Winterquartier sollte eine Temperatur von mindestens 5 °C haben und hell sein.

Rosen gehören einfach dazu

Gelbe Rosen – wunderbar: Wichtig ist, dass sie bald in ein größeres Gefäß gepflanzt werden, sonst können sie sich nicht weiterentwickeln.

Ganz gleich, ob man viel oder wenig Platz hat, dem Charme einer Rose kann kaum ein Pflanzenfreund widerstehen. Und das ist auch gut so. Denn Rosen schmeicheln der Seele. Ertappe ich mich doch immer wieder dabei, wie ich bereits Anfang Mai die Knospen meiner 'Sympathie' anlächle und durch das Küchenfenster die prachtvolle 'Raubritter' sehnsüchtig beobachte. Denn blaue Iris und die wuchernde Akelei treiben es ihr zu Füßen schon richtig bunt. Und wenn es dann so weit ist, dass die Schöne ihre rosafarbenen Blüten öffnet, macht das einfach glücklich.
Für den Anbau im Topf eignet sich die 'Raubritter' allerdings weniger – es sei denn, Sie haben ein großes Terrassenbeet oder den Platz für einen großen Baum-Kübel mit mindestens 1 m Durchmesser und 1,50 m Höhe, darin könnte es klappen.

Empfehlenswerte Rosen für die Topfkultur (Blüte von Juni bis September)

Rosensorte	Blüte	Bemerkungen	Züchter
Brautzauber®	weiß, gefüllt	sehr hitzeverträglich, regenfest, ADR-Rose 1999	Noack
Little White Pet	weiß, pomponartig, stark gefüllt	historische Rose, regenfest, leichter Duft	Hendersen
Sternenflor	weiß, ungefüllt	hitzverträglich, regenfest, sehr guter Duft	Schultheis
Guletta®	zitronengelb, gefüllt	regenfest, leichter Duft	de Ruiter
Lisa®	intensiv gelb bis orange, gefüllt	hitzeverträglich, regenfest	Noack
Vinesse®	orangerot, im Aufblühen hellorange-rosa, halb gefüllt	hitzeverträglich, regenfest, ADR-Rose 2000	Noack
Bonica® 82	zartrosa, gefüllt	hitzeverträglich, regenfest, ADR-Rose 1982	Meilland
Charmant®	rosa mit gelbweißer Mitte	sehr gesund, hitzeverträglich, leichter Duft	W. Kordes' Söhne
Pastella®	intensiv rosé bis grünlich weiß	relativ hitzeverträglich	Rosen Tantau
Knirps®	kräftig rosa, stark gefüllt	sehr gesund, hitzeverträglich	W. Kordes' Söhne
Sugar Baby®	intensiv rosa, gefüllt	sehr hitzeverträglich, regenfest	Rosen Tantau
Rotilia, Kordes Rose Rotilia®	leuchtend karminrot, halb gefüllt	hitzeverträglich, leichter Duft nach Wildrose	W. Kordes' Söhne

Die Qual der Wahl

Balkongärtner haben in der Regel immer zu wenig Platz, deshalb sind öfter blühende Rosen zu bevorzugen. Was die Qualität betrifft, so macht es Sinn, sich Rosensorten mit ADR-Auszeichnung zu kaufen. Hierbei handelt es sich um weitgehend krankheitsresistente und frostharte Sorten mit guten Blüheigenschaften. Einen aktuellen Sorten-Überblick finden Sie unter www.adr-rose.de im Internet.

Profi Tipp von mein schöner Garten

Eine ganz klassische Gestaltung sind Rosen und Lavendel. Gern gesehene Nachbarn sind auch Katzenminze, Feuer-Salbei, Rittersporn, Frauenmantel, Schafgarbe, Schleierkraut und Glockenblume, Hohes Eisenkraut, Margeriten und die Jungfer im Grünen.

Rosen brauchen einen Sonnenplatz

Nur wenn Rosen fünf Stunden und mehr Sonne pro Tag bekommen, werden sie sich zufrieden stellend und prachtvoll entwickeln. Dank der Container-Rosen kann man die Königin der Blumen quasi zu jeder Jahreszeit pflanzen. Kleiner Wermutstropfen: Containerpflanzen sind erheblich teurer als wurzelnackte Rosen, die im Frühjahr und Herbst angeboten werden.

Für die Topfkultur sind in der Regel alle Beetrosen geeignet. Um den Wuchs und die Blütenbildung zu fördern, ist ein regelmäßiger Rückschnitt erforderlich. Der beste Zeitpunkt für Topfrosen ist im März.

Damit sich Rosen im Topf auch gut entwickeln können, brauchen sie ausreichend Platz. Das Pflanzgefäß muss so groß sein, dass noch reichlich neue Erde mit hineingegeben werden kann.

Ein modernes Rosen-Märchen: In sanften Rosa- und Rottönen wurden hier verschiedene Rosen in Töpfen zusammen um eine attraktive Metall-Sitzgruppe arrangiert. Als passende Ergänzung gesellt sich Lavendel (rechts) hinzu.

Pflanzen für Schnuppernasen

Duftpflanzen hat es schon immer gegeben. Denken Sie nur mal an die süßlich duftenden violetten Veilchen-Nester, die es in unserer Kindheit im lichten Schatten zu beschnuppern gab, an Waldmeister oder Maiglöckchen. Das sind Düfte, die den meisten bekannt sind. Aber kennen Sie auch den Marzipan ähnlichen Nachtduft, den der Sternbalsam (*Zaluzianskya capensis*) nach Sonnenuntergang verbreitet oder den wunderbaren Pfirsichduft des gelb blühenden Pfirsichsalbeis (*Salvia gregii* 'Yellow')? Nein? Dann wird es Zeit, sich einmal umzuschauen in der Welt der Pflanzendüfte. Denn hier tut sich vieles. Schokolade, Lakritze, Gummibärchen, Vanille, Zitrone, Pfirsich oder Schwarze Johannisbeere – die unterschiedlichen Duftnuancen, die Blüten oder Blätter von Duftpflanzen aussenden, können fast süchtig machen. Und das Tollste daran ist, die allermeisten Duftpflanzen gedeihen problemlos im Kübel und Balkonkasten.

Ländliches Trio im Weidenkorb: Wohlduftender Ziertabak, pinkfarbene Verbene und Sommerjasmin.

Ergänzen Sie Ihre Freiluft-Oase mit duftenden Pflanzen

Wenn Sie nur wenig Platz auf dem Balkon oder der Terrasse haben, ist es nicht ratsam, zu viele unterschiedliche Pflanzen verschiedener Duftrichtungen zu pflanzen – schon gar nicht in einem Gefäß. Denn einerseits würden sich die Düfte zu sehr vermischen, so dass einzelne Nuancen gar nicht mehr richtig zur Geltung kämen, und andererseits wollen Sie beim Relaxen ja nicht von Gerüchen erschlagen werden. Sinnvoller und allemal verlockender ist es, sich für drei oder vier unterschiedliche Duftrichtungen zu entscheiden.

Gestaltungsvorschläge

Hängegeranien in Rot-Tönen 'Mexikanerin' (*Pelargonium peltatum*), weiße Margeriten (*Leucanthemum*), blaues Männertreu (*Lobelia*), gelber Goldzweizahn (*Bidens ferulifolia*) und als duftende Komponente die blaue Vanilleblume (*Heliotropium*).

Attraktiv ist auch ein Kasten mit rosafarbenen Zwergrosen und Lavendel (*Lavandula angustifolia* 'Hidcote Blue'). 'Siesta' ist eine ebenfalls attraktive Lavendel-Sorte. Sie bleibt niedrig und kompakt im Wuchs und treibt attraktive dunkelviolette Blüten. Als wohlriechende Unterpflanzung für Hochstämmchen aller Art empfiehlt sich die Levkoje (*Matthiola longipetala*). Diese tagsüber recht unscheinbare Pflanze duftet erst abends, wenn die Sonne untergegangen ist, und nachts, dafür aber nach einer unvergleichlichen Mischung von Vanille, Zimt und Nelken. Lieblich, jedoch weniger intensiv gibt sich Duftsteinrich (*Alyssum maritimum*), der kleine Blütenteppiche in Weiß, Rot und Violett bildet.

Weitere Dufthighlights für den Sonnenbalkon: Studentenblume (*Tagetes tenuifolia* 'Orangenmeer'), Duftwicke (*Lathyrus odorata*), Stern-Gladiole (*Gladiolus callianthus*), Schokoladen-Kosmee (*Cosmos atrosanguineus*) und Schokoladenblume (*Berlandiera lyriata*).

Duftpflanzen wie Vanilleblume, Lavendel, Oleander und Rosen verbreiten zusätzlich gute Laune.

Weitere Duftpflanzen für den Topfgarten

Deutscher Name	Botanischer Name	Bemerkungen
Currykraut	*Helichrysum angustifolium*	silberne Blätter, Blüte gelb
Duft-Pelargonie	*Pelargonium* 'Scarlet Pet'	Blüte karminrot, Karottenduft
Engelstrompete	*Brugmansia suaveolens*	hoher Wasserbedarf, giftig
Harfenstrauch	*Plectranthus* 'Variegata'	weiß-grüne Blätter
Houttuynia	*Houttuynia cordata* 'Vap Ca'	weiße Blüte, gut feucht halten
Lavendel	*Lavandula angustifolia*	Blüte lavendelblau
Maiglöckchen	*Convallaria majalis*	blüht weiß, zartviolett, giftig
Rosmarin	*Rosmarinus officinalis* 'Arp'	hellblaue Blüten
Salbei	*Salvia officinalis* 'Crème de la Crème'	weiß-bunte Blätter
Vanilleblume	*Heliotropium arborescens*	Blüten in Blau, Hellblau und Weiß
Wunderblume	*Mirabilis jalapa*	abends starker Fruchtduft
Zitrone	*Citrus limon*	weiß, essbare Früchte

Hängepflanzen, wie schön!

Blumenampeln schaffen nicht nur traumhaft schöne Blickpunkte, sondern bieten auch viele Verwendungsmöglichkeiten. Als fröhlicher Willkommensgruß neben dem Hauseingang oder zu mehreren nebeneinander aufgereiht über dem Balkongeländer hängend, wirken sie wie eine bunte Sichtschutzgardine. Besonders interessant sind die kleinen Hängegärten für schmale beziehungsweise kleine Balkone. Denn neben einer Sitzgruppe bleibt da in der Regel kaum noch Platz für Kübel oder Kästen übrig. Hängepflanzen in Blumenampeln oder Wandgefäßen sind daher eine schöne Alternative, um eine Freiluft-Oase zum Erblühen zu bringen. Das gilt natürlich auch für die weit verbreiteten Hanging Baskets. Sie werden im Gegensatz zu normalen Ampelschalen auch seitlich bepflanzt, was wesentlich mehr Gestaltungsvariationen erlaubt.

Herbst-Stimmung: Bleiwurz (blau), Chrysantheme (gelb), Goldkalmus und hängendes Goldpfennigkraut.

Einfach herrlich, die üppige Pracht der Duftwicken! Die Ampel hängt an einem Metall-Wandhalter.

Blütenzauber, den ganzen Sommer lang

Das angebotene Balkonpflanzen-Sortiment bietet Blüten-Power ohne Ende. Es empfiehlt sich, möglichst nur robuste Sommerblumen zu verwenden, die zu den Dauerblühern zählen. Bewährte Hängepflanzen sind vor allem Petunien (*Petunia*-Hybriden). Hiervon gibt es Sorten in unendlich vielen Farben sowie in verschiedenen Formen und Größen. Besonders lange Ranken treiben Surfinia®-Petunien. Breit ausladend und weit überhängend sind die kleinblütigeren Millionbells®. Als absoluter Star hat sich hier die rötlich gelb marmorierte 'Terracotta' hervorgetan.
Unter den traditionell beliebten Geranien (*Pelargonium*-Hybriden) haben die hängenden Blizzards® und Cascade® mit einer riesigen Farbpalette die Gärtner-

herzen erobert. Zu den Ampelstars unter den Fuchsien (*Fuchsia*) mit langer Blühzeit gehören: 'Pink Ballet Girl', 'Multa' und 'Balkonkönigin'.

Außerdem empfehlenswert: Zigarettenblümchen (*Cuphea llavea*), Fleißiges Lieschen (*Impatiens*), Fächerblume (*Scaevola saligna*), Goldzweizahn (*Bidens*), Schneeflockenblume (*Sutera/Bacopa*), Elfensporn (*Diascia*) und Verbene (*Verbena*-Hybriden). Relativ neu und in einem sehr schönen Farbenmix präsentiert sich die hängende Duftwicke 'Sugar'n Spice'. Mit pastellfarbenen Blüten und einem wunderbaren, süßen Duft schmeichelt sie von Juni bis September allen Pflanzenliebhabern. Das Besondere an dieser Selektion aus England ist der nahezu runde Wuchs. Was für Wicken gar nicht so selbstverständlich ist, denn ihre normale Wuchsform ist eher zügellos als gleichmäßig. Außerdem sollten Sie zur Pflanzzeit unbedingt nach hängenden Sultan®-Löwenmäulchen (*Antirrhinum*) Ausschau halten. Es gibt sie in ganz bezaubernden Farbkombinationen, die sich alle wunderbar miteinander kombinieren lassen.

Sorgen Sie für optimale Startbedingungen und beste Erde

Eine gut eingewachsene Blumenampel ist ein Hingucker, an dem man sich kaum satt sehen kann. Doch bis es so weit ist, braucht es Fantasie, Fleiß und Durchhaltevermögen. Am meisten Geschick verlangt nach dem Auspflanzen das Gießen.

Da der Platz in einer Blumenampel für die Pflanzen noch geringer ist als in einem gewöhnlichen Blumenkasten, ist es zwingend ratsam, nur die beste Erde zu verwenden. Sie sollte vorgedüngt und reich an Fasermaterial sein. Dadurch bekommen die Wurzeln genug Sauerstoff und die Erde sackt nicht so schnell zusammen. Und denken Sie an den Gießrand!

Hier lässt es sich gut sitzen und genießen. Beim Anblick des hängenden Blumengärtchens kommt einfach Freude auf. Millionbells®-Petunien zeigen sich hier in perfekter Blühlaune mit Geranien – schöner kann eine Blumenampel kaum sein.

Sichtschutz mit Kletterpflanzen

Die Schwarzäugige Susanne liebt es sonnig und braucht alle 14 Tage Dünger.

So richtig wohl fühlt man sich auf dem Balkon und der Terrasse nur dann, wenn man nicht unmittelbar auf dem Präsentierteller sitzt. Doch genau so sieht die Realität oft aus. Ob Wohnblock oder Reihenhausanlage, die Balkone sind meist nur winzig und die Terrasse grenzt oft direkt an die des Nachbarn. Von Privatsphäre kann da keine Rede sein. Dabei gibt es nichts Schöneres, als die Freizeit mit seinen Liebsten im Freien zu genießen. Wenn auch Sie sich nach etwas mehr Freiraum sehnen, packen Sie das Problem an und nutzen Sie die tollen Möglichkeiten, die Pflanzen bieten. Denn in relativ kurzer Zeit können Sie sich ein ganz persönliches grünes Refugium schaffen. Zunächst einmal sollten Sie sich im Fachmarkt nach pfiffigen Sichtschutz-Systemen umsehen. Besonders in Holz gibt es eine unglaublich große Auswahl verschiedenster Möglichkeiten. Attraktiv sind rechtwinklige Kombinationen, die Ihre Terrasse von zwei Seiten her abschließen. Vor die blickdichte Seite empfiehlt sich eine Bepflanzung mit Kletter-Spindel (*Euonymus fortunei*), zum Beispiel mit den Sorten 'Emerald'n Gold' und 'Vegetus'. Diese immergrünen Sträucher sind robust und absolut pflegeleicht. Zweige können jederzeit als Schnittgrün für Blumensträuße abgeschnitten werden.

Wer seine Terrasse auf die Schnelle mit einer grünen Wand abschotten möchte, kann auch auf mobile Hecken zurückgreifen. Sie werden in sehr, sehr großen Kunststofftrögen angeboten. Es gibt sie fix und fertig bepflanzt mit Buchsbaum, Efeu, Eibe, Stechpalme, Hainbuche und Lebensbaum in einer Höhe von bis zu 1,80 m.

Ohne Halt geht nichts

Für die meisten Kletterpflanzen sind Rankhilfen unentbehrlich, es sei denn, man möchte sie als Hängepflanze nutzen. Dann ist es tatsächlich sinnvoll, ihnen keine Chance zum Festhalten zu geben. Ob nun ein Rankgitter, Obelisk, Pavillon, eine Pyramide, schlichte Rankstäbe oder gespannte Drahtseile benötigt werden, entscheidet die Auswahl der Pflanzen beziehungsweise deren Wuchsform. Achten Sie gerade bei mehrjährigen Kletterpflanzen wie Rosen, Geißblatt, Blauregen, die mit den Jahren beträchtlich an Umfang und somit auch Gewicht zulegen, deshalb unbedingt darauf, dass die Rankhilfe fest im Boden oder an der Hauswand verankert werden kann.

Kletterstars in Kübeln und Kästen

Besonders beliebt und auch preiswert sind einjährige Kletterpflanzen. Zu den bekanntesten gehören Prunkwinden (*Ipomoea*), die es in ganz bezaubernden Farben und Blütenmustern gibt, Feuer-Bohne (*Phaseolus coccineus*), Maurandie (*Asarina erubescens/Lophospermum erubscens*), Glockenrebe (*Cobaea scandens*) und Schwarzäugige Susanne (*Thunbergia alata*). Vorteil dieser schnellwüchsigen Pflanzen: Sie nehmen mit jeder Rankhilfe vorlieb und blühen den ganzen Sommer über unermüdlich. Allerdings sind ein sonnig bis halbschattiger Standort und regelmäßiges Düngen unerlässlich.

Es erstaunt immer wieder, mit welcher Leichtigkeit auch mehrjährige Pflanzen ihren Weg nach oben gehen. Die Clematis zum Beispiel gibt es inzwischen in einer riesigen Arten- und Sortenauswahl. Die fliederfarbene 'Alice Fisk', in Pink-Weiß 'Barbara Dibley', oder die gestreiften 'Capitaine Thuilleaux' und 'Carnaby' sind nur eine kleine Auswahl der topfgeeigneten Sorten.

Wer es exotischer mag und einen geeigneten Platz zum Überwintern hat, wird viel Freude haben mit dem Sternjasmin (*Trachelospermum jasminoides*). Er besticht durch weiße, kleine Blüten und einen bezaubernden Duft. Sternjasmin wird zwar bis 3 m hoch, wächst aber sehr langsam. Eine rasante Aufsteigerin dagegen ist die Mandeville 'Alice du Pont' (*Mandevilla*-Hybride). Sie erreicht eine Höhe von bis zu 5 m, braucht es im Winter hell und mindestens 10 °C warm. Attraktiv ist auch die Himmelsblume (*Thunbergia battiscombei*). Sie wächst zwar nicht höher als 1 m, ist aber wegen ihrer blauen Blüten sehr beliebt. In Hellblau und auch Weiß fasziniert der Bleiwurz (*Plumbago auriculata*), er wächst aufrecht und wird nicht höher als 2 m.

Profi Tipp von mein schöner Garten

Alle hier genannten Pflanzen brauchen einen sehr großen, standfesten Topf. Denn je höher die Pflanze wird, umso kippsicherer muss das Gefäß bemessen sein. Im Sommer, während Trockenperioden, ist tägliches Gießen unerlässlich.

Auf dieser Terrasse möchte man Platz nehmen und träumen. Die Sitzbank ist eingerahmt von Kletterrosen und in den Beeten tummeln sich Prachtstauden. Elegante Abrundung: Bodenfliesen mit Blütendekor.

Gourmet-Töpfe vom Feinsten

Haben Sie Lust auf Tomatensalat mit Mozzarella und frischem Basilikum? Oder wie wäre es mit sonnenwarmen Erdbeeren und süßer Schlagsahne zum Dessert? Dann reservieren Sie im Frühjahr unbedingt ein paar große Pflanzkübel für Obst und Gemüse. Denn von Auberginen bis Zucchini gibt es zahlreiche Köstlichkeiten, die sich leicht auf jedem sonnig-warmen Balkon oder einer Terrasse heranziehen lassen.

Für Topf oder Kasten: Bevorzugen Sie Erdbeersorten, die mehrmals fruchten.

Highlights für Geniesser

Ganz besonders gut im Topf gedeihen Tomaten, Paprika, Peperoni, Buschbohnen, Radieschen, Schnittsalat, Kopfsalat, Rucola und auch Erdbeeren, Heidelbeeren, Stachelbeeren und Kiwi. Und natürlich Kräuter (siehe Seite 30 bis 31).

Sicherlich wäre es falsch zu behaupten, dass die Topf-Kultur von den zu erwartenden Ernten her eine ernsthafte Konkurrenz zum Anbau im Garten ist. Darum geht es auch nicht. Vielmehr ist es immer wieder eine große Freude, das Heranreifen zu erleben und eigene Ernten zu genießen.

Siegeszug der Tomate

Einen triumphalen Erfolg in Topf und Kübel haben Tomaten zu feiern. Sie gedeihen problemlos, gesund und treiben köstliche Früchte bis weit in den Herbst hinein. Bewährte Topfsorten sind zum Beispiel 'Balkonstar', 'Minibel' oder die hängende 'Tumbling Tom Red', die mit köstlichen, dunkelroten Kirschtomaten erfreut. Ein wahrer Hingucker ist auch die Sorte 'Wagenrad', die große, rote, Paprika ähnliche Früchte

Gemüse und Obst für den Topf-Garten

Deutscher Name	Höhe in cm	Besonderheiten
Apfel 'Ballerina®'	bis 200	schlankes Bäumchen, reichlich Früchte
Aubergine	50–80	Sorten mit violetten und weißen Blüten
Erdbeere	bis 25	es gibt auch hängende Sorten
Kohlrabi	30–40	den ganzen Sommer über neu auspflanzen
Melone	bis 150	an einem Rankgitter hochleiten
Paprika	40–100	vollreif ernten
Pflücksalat	bis 15	Aussaat ab Februar, regelmäßig ernten
Stachelbeere 'Invicta'	bis 150	Kronenbäumchen, guter Ertrag
Stangenbohne	150–200	an Spalieren ziehen, tolle Blüten
Stielmangold	60–80	attraktiv in Rot, Gelb und Weiß
Tomaten	35–150	zahlreiche Fruchtformen und -farben
Zucchini	50–60	brauchen einen besonders großen Topf

Tomaten im Topf

Hier freut sich der Genießer – frische Gemüse, Früchte und reichlich Kräuter aus eigener Ernte. In der hinteren Reihe von links: Tomaten, Holunder, Äpfel, Johannisbeeren, Paprika, Kirschen und Limetten.

treibt. Diese Sorten wurden speziell für die Topfkultur gezüchtet und bleiben relativ niedrig sowie kompakt im Wuchs. Doch prinzipiell können Sie alle Tomatensorten in Kübel pflanzen, der Nachteil liegt mehr im optischen Bereich. Ausgesprochene Balkonsorten wachsen, wie schon erwähnt, gleichmäßig und kompakt und werden nicht so hoch. Tomaten brauchen viel Platz, deshalb pro Gefäß immer nur eine Tomate in beste Erde pflanzen. Und nicht vergessen: Tomaten brauchen einen Stützstab, an dem die Pflanze festgebunden wird.

Ein Sonnenplatz ist genau richtig

Wie alle Pflanzen brauchen auch Obst und Gemüse viel Wärme und Licht, damit sie sich gut entwickeln können. Ideal ist ein Sonnenbalkon in südöstlicher oder südwestlicher Lage, denn je heller der Platz ist, umso prachtvoller werden sich die Pflanzen entwickeln. Auf einem ausgesprochenen Südbalkon wird es den meisten Gemüsen, mit Ausnahme von Tomaten, Paprika und Auberginen, die sich hier sehr wohl fühlen und auch gut entwickeln, allerdings etwas zu heiß. Unmöglich ist der Anbau von Gourmet-, also Nutzpflanzen auf einem Schattenbalkon. Innerhalb kurzer Zeit wäre der Pflanzennachwuchs restlos verkümmert.

Wenn Sie erst einmal auf den Geschmack gekommen sind, sollten Sie sich auch unbedingt ein Pfirsich-, Nektarinen-, Kirschen- oder Apfel-Bäumchen gönnen. Sie sind die Attraktion sowohl wenn sie blühen als auch wenn sie Früchte tragen. Und der Pflegeaufwand ist auch nicht größer als für Zierpflanzen. Allerdings brauchen sie einen großen, geräumigen Kübel. Beliebt sind auch *Citrus*-Bäumchen wie Zitrone, Clementine oder Kumquat, die das ganze Jahr über wohlduftende Blüten treiben und auch mehrmals Früchte bringen. Allerdings brauchen diese mediterranen Kübelpflanzen im Winter einen frostfreien Platz im Haus.

Kräuter sind überall willkommen

Nur wenige Pflanzenfamilien haben in den vergangenen Jahren für so viel Aufsehen gesorgt wie Würzkräuter und Heilpflanzen. Es gibt viele neue und verbesserte Sorten. Wenn man sich nur mal anschaut, wie die Salbei- oder Thymian-Familie gewachsen ist, kommt man aus dem Staunen nicht mehr heraus. Da gibt es Sorten, die duften intensiv nach Zitrone, andere wiederum faszinieren durch zwei- und dreifarbige Blätter, wie *Salvia officinalis* 'Tricolor' oder *Salvia officinalis* 'Purpurascens'.

Faszinierend ist auch der weißbunte Zitronen-Thymian (*Thymus citriodorus* 'Variegatus'). Schon bei leichter Berührung verströmt der attraktive Kleinstrauch einen herrlichen Zitrusduft. Die Zweige werden mit oder ohne Blüten zum Würzen von Fleischgerichten, Kräuterbutter und Salaten verwendet.

Auch vom Klassiker Rosmarin gibt es interessante Neuheiten. Besonders empfehlen möchte ich hier die kriechende Sorte (*Rosmarinus officinalis* var. *prostatus*) 'Repans'. Sein kriechender Wuchs macht diesen Rosmarin für die Topfkultur besonders interessant; vor allem in warmen Sommern legt er seine würzigen Zweige weit über den Topfrand hinaus. Rosmarin überwintert am besten frostfrei draußen oder im Kalthaus; unter optimalen Bedingungen erfreut er bereits im zeitigen Frühjahr mit schönen blauen Blüten. Frosthart und noch relativ unbekannt ist die Sorte 'Veitshöchheim'.

Die sorgen für Aufsehen

Zu relativ neuen Kräutern, die für Furore sorgen, gehören die nach Früchten duftenden Salvien. Ananas-

Porzellan-Namensschilder sind nicht nur schön und praktisch, sie lockern die Kräuter im Topf oder Beet auch auf. Neben einem Standardsortiment, können Sie diese Schilder auch individuell mit jedem Namen anfertigen lassen.

Ob einzeln oder in Gruppen, Kräuter gedeihen wunderbar im Topf: Wichtig sind ein Platz an der Sonne und ausreichend Wasser. Entfernen Sie hin und wieder die Triebspitzen, das regt den Wuchs an.

Salbei (*Salvia elegans*) zum Beispiel, der wunderbar nach Ananas duftet und im Spätsommer mit karminroten Blüten bezaubert, ist ein herrliches Teekraut. Genauso wie Honigmelonen-Salbei (*Salvia elegans* 'Honey melon') und Strauch-Salbei (*Salvia heeri*). Am schönsten wirken diese zauberhaft blühenden Duftkräuter alleine in einem großen Topf.

Ideal ist, wenn Sie gleich zwei Pflanzen in ein etwas größeres Gefäß geben. Sobald diese gut angewachsen sind, sollten Sie die Triebspitzen immer wieder abknipsen (und zum Beispiel für Tee oder Süßspeisen nutzen), dann verzweigt sich die Pflanze besser und wächst binnen vier bis sechs Wochen zu einem kompakten Strauch heran.

Profi Tipp von mein schöner Garten

Genießen ohne Reue – Mit Kräutern lässt sich nicht nur würzen, sondern auch süßen. Frische oder getrocknete Blätter von Süßkraut (*Stevia rebaudiana*) haben eine enorme Süßkraft – ganz ohne Kalorien. Probieren Sie es selbst aus!

Überwintern Sie Fruchtsalbei-Arten frostfrei bei etwa 5 °C und möglichst hell. Wer nicht viel Platz für die Überwinterung zur Verfügung hat, bewurzelt im August Stecklinge. Für die Jungpflanzen in kleinen Töpfen findet sich vielleicht eher ein geeigneter Ort.

Kräuter lieben Sonne

Ganz gleich, welche Kräuter Sie bevorzugen: Bis auf ganz wenige Ausnahmen brauchen alle einen sonnigen bis halbschattigen Platz in lockerer, komposthaltiger Erde.

Anders als im Beet, müssen Kräuter im Topf täglich mindestens einmal kräftig gegossen werden, im Hochsommer und besonders wenn es kleine Töpfe sind, sogar zweimal.

Schaffen Sie ein Kinderparadies

Hallo, find' mich doch! Unter dem Blätterdach des Clematis-Iglus und umgeben von üppigen Petunien freut sich die Kleine über ihr blumiges Versteck mit Aussichtspunkt.

Zugegeben, wenn der Balkon nur wenige Quadratmeter groß ist, ist es nur schwer vorstellbar, hier noch einen separaten Raum für Kinder zu schaffen. Für die Kleinen bietet sich in diesem Fall allenfalls ein Sandkasten an.

Wer aber einen großen Balkon oder eine Terrasse hat, ist da schon besser dran. Eine Spielecke sowie Platz für gärtnerische Experimente, wie zum Beispiel Stecklinge vermehren oder Rasen (Katzengras), Sommerblumen oder Radieschen im Blumentopf aussäen, gibt es bestimmt.

Kinder wollen mithelfen

Die über Dreijährigen können bereits aktiv teilnehmen oder zumindest assistieren und wollen auch schon bei der Auswahl mitreden. Mein kleiner Sohn zum Beispiel genießt es, mit mir durch Gärtnereien und Gartencenter zu streifen und Pflanzen einzukaufen. Dabei darf er sich auch oft eine eigene aussuchen. So ist ihm kürzlich auf dem Nachhauseweg bei einer Gerberapflanze eine Blüte abgebrochen. Erschrocken hat er sie kurzerhand in die Hosentasche gesteckt und zu Hause in seine Sandkiste eingebuddelt, damit ihr wieder ein Stiel wächst. Nun warten wir gemeinsam auf das Wunder!

Vorsicht vor Giftpflanzen

Zu den richtig gefährlichen Pflanzen, die auch im Topfgarten stehen, gehören Christrosen, Eisenhut, Engelstrompete, Kartoffel- oder Enzianstrauch, Herbstzeitlose, Maiglöckchen, Oleander, Wandelröschen und Ziertabak.

Besonders aufmerksam muss man bei ganz kleinen Kindern sein, denn sie stecken grundsätzlich alles in den Mund, was sich ihnen bietet. Deshalb sollten sie niemals unbeaufsichtigt auf dem begrünten Balkon oder im Garten auf Entdeckungstour sein.

Ganz gleich, ob schon Kindergarten- oder Grundschulkinder: Gefährliche Pflanzen, vor allem wenn sie rote Früchte tragen wie Holunder, Stechpalme oder Seidelbast, sollte man lieber entfernen, denn sie sehen zu verlockend aus. Schneiden Sie besser konsequent alle Fruchtansätze ab. Besteht ein Vergiftungsverdacht, ist sofort ein Arzt aufzusuchen. Kostenlose Beratung gibt es über den Giftnotruf Berlin: 030/19240. Unter www.giftnotruf.de finden Sie im Internet eine Beratungsstelle in Ihrer Nähe.

Gärtnern will gelernt sein

Kinder lieben es, wenn sie uns Erwachsene nacheifern können. Deshalb bieten Sie Ihnen unbedingt einen eigenen Kasten oder Kübel zum Bepflanzen an. Prima für eine Saison ist auch eine Obst- oder Gemüsekiste aus Holz (gibt es kostenlos im Supermarkt). Man legt sie zunächst mit Folie aus. Darauf gibt man eine Schicht Kies zur Dränage und füllt das Ganze mit Erde auf. In diesem Mini-Beet können Kinder das Aussäen üben und die Pflanzen beim Wachsen beobachten. Ideal sind natürlich schnell wachsende Pflanzen wie beispielsweise schon das bereits erwähnte Katzengras, Sonnenblumen oder Radieschen, denn Kinder haben erfahrungsgemäß nur wenig Geduld.

Die Pflanzenwelt entdecken

Größere Kinder, so ab sechs, sieben Jahren, begeistern sich für Duftpflanzen. Besondere Highlights für sie sind zum Beispiel die Gummibärchenblume (*Cephalophora aromatica*). Deren unscheinbare grün-gelbe Blüten beim Zerreiben mit einem fruchtigen Gummibärchenduft überraschen. Ebenso verblüffend ist der Duft der Schokoladenblume (*Berlandiera lyriata*), die im Juni/Juli für manche Aufregung sorgt: Sie riecht verblüffend echt nach Schokolade. Und auch der herrlich nach Zitrus duftende Zitronenstrauch (*Aloysia triphylla*) kommt gut an. Man kann daraus köstlichen Tee zubereiten. Wenig Platz brauchen die sehr beliebten Kirschtomaten und Erdbeeren. Besonders empfehlenswert sind mehrmals tragende Hänge-Erdbeeren, denn hier gibt es von Juni bis in den Oktober hinein immer etwas Leckeres zum Naschen.

Und immer wieder daran denken

Schon von früh an muss man den Kindern beibringen, dass sie ohne vorheriges Fragen generell keine Pflanzenteile oder Früchte in den Mund stecken dürfen, denn sie könnten giftig sein. Außerdem: Wie nach dem Spielen draußen, sollten Kinder nach dem Gärtnern die Hände gründlich waschen.

Zwei Sandplätze zum Burgen bauen und Kuchen backen, Rasen zum Turnen und etwas abseits eine Kuschelecke zum Vorlesen oder Spielen – darüber freut sich jedes Kind.

Schönes für draußen

Ganz gleich, ob auf dem Balkon oder der Terrasse: Zu einer ausgewogenen Gestaltung gehören nicht nur Pflanzen und Gefäße, passende Accessoires beleben das Ambiente zusätzlich. Bunte Glaskugeln zum Beispiel, die in Rosentöpfen stecken, oder farbenfrohe Metalltiere wie Fische oder Katzen, die aus Gourmet-Töpfen blitzen, bringen den Betrachter zum Schmunzeln und peppen die Szene richtig auf. Auch bunte Windräder werden nie aus der Mode kommen, allenfalls das Dekor und die Farben unterliegen dem Zeitgeist und werden sich verändern.

Windlichter im Flower-Power-Look. Das flackernde Licht sorgt für romantische Stimmung.

Der Schlüssel zum grünen Paradies

Auch wenn es nur wenige Quadratmeter sind, nie waren diese kleinen Orte im Freien so wertvoll und gefragt wie heute. Und noch nie gab es so viele wunderbare Ideen, sich trotz der Enge abzuschotten, um sich sein eigenes kleines Paradies zu schaffen. Wandregale, Blumenbänke, eine witzige schlichte Metallleiter mit Halterungen für Blumentöpfe, Blumenampeln, eine Amphore, eine bunte Gießkanne, ein Sprudelstein, Klettergerüste, die im Hochsommer zu wahren Blüten-Gardinen aufblühen und gleichzeitig Sichtschutz sind. Nutzen Sie die Möglichkeiten und schmücken Sie Ihre Wohlfühl-Oase nach Herzenslust!

Dekorativ: Blumenständer aus Metall, im Sommer schmückt er die Terrasse, im Winter Wohnzimmer oder Küche.

Wovon der knuddelige Troll wohl träumt? Die Sonnenblumen und das Mädchenauge tun ihm jedenfalls gut.

Praxis

Augen auf beim Pflanzenkauf

Geranien-Jungpflanzen in optimaler Qualität – kaufen Sie Balkonpflanzen am besten, wenn sich die ersten Blüten bereits geöffnet haben, dann sind Sie sicher, auch wirklich die gewünschte Farbe ausgewählt zu haben.

Spätestens Ende April, Anfang Mai beginnt die Balkonpflanzen-Saison. Beim Gärtner, im Gartencenter und auf den Wochenmärkten blüht und grünt es jetzt wieder in allen Töpfen. Die Auswahl an attraktiven Pflanzen ist immens groß. Selbst Supermarktketten sind mit von der Partie und bieten Klassiker, wie Geranien, Petunien oder Fleißige Lieschen, zu Dumpingpreisen im 4er- oder 6er-Pack an. Und das meist in zufrieden stellender Qualität. Das sind Preise, die der Gärtnerbranche schwer zu schaffen machen und bei denen kaum einer mithalten kann.

Qualität zahlt sich aus

Der höhere Preis in Fachgeschäften hängt in erster Linie mit dem Mehraufwand an Pflege und der kompetenten, teilweise sehr zeitaufwändigen Beratung zusammen. Hinzu kommt, dass viele Gärtner einen Großteil ihres Balkonpflanzensortiments im eigenen Betrieb heranziehen. Auch das kostet mehr, als die Pflanzen aus dem Ausland zu importieren. Pflanzenschutz- und Pflegetipps sind hier im Preis inbegriffen und auf Wunsch werden die mitgebrachten Kästen und Kübel sogar vom Fachmann bepflanzt. Ein Service, bei dem meist nur die Pflanzerde berechnet wird. Anders im Supermarkt. Hier sind die Pflanzen lediglich eine verderbliche Ware, die so schnell wie möglich verkauft werden muss.

Eine weitere Quelle für den Pflanzenkauf ist der Versandhandel. Neben dem normalen Sortiment werden hier bereits im Vorfrühling Easy-Plants verkauft. Dabei handelt es sich um gerade mal aufgelaufene Pflänzchen in Anzuchtplatten, die dann relativ einfach weiterkultiviert werden können. An sich eine tolle und preiswerte Sache, besonders wenn man einen großen Pflanzenbedarf hat. Doch leider ist es häufig so, dass die Qualität des Pflanzennachwuchses schwer unter dem Versand zu leiden hat. Nicht selten, dass trotz sofortigen Umtopfens in frische Er-

Gesunde Jungpflanzen haben einen noch lockeren, aber gut durchwurzelten Ballen. Man zieht die Pflanzen durch Aussaat selbst heran, kauft sie auf dem Markt oder beim Gärtner.

de bei Eintreffen der Pflanzen große Einbußen hingenommen werden müssen. Wenn man Glück hat, ist es jedoch eine feine, und wie schon erwähnt, preiswerte Sache.

Darauf ist beim Kauf zu achten

Wählen Sie nur buschige, kompakte Pflanzen aus. Die Pflanzen sollten gleich lange Triebe, einen guten Knospenansatz haben und bereits erste Blüten zeigen. Achten Sie auf gesundes, schädlingsfreies Laub (auch Blattunterseiten anschauen!). Schlappe Blätter oder abgeknickte Stängel deuten auf Transportstress oder unsachgemäße Behandlung hin.
Auch der Wurzelballen ist ein wichtiges Kriterium: Er sollte gut durchwurzelt, nicht zu trocken oder nass sein und beim Herausnehmen aus dem Topf auch nicht auseinander fallen.

Startschuss für die Balkonsaison

Spätestens nach den Eisheiligen – Mitte Mai – können die Balkonkästen bedenkenlos bepflanzt werden. Auch wenn es jetzt noch einmal richtig kalt werden sollte, führt dies in der Regel nicht zum Erfrieren von Pflanzen, allenfalls zu einem kurzen Wachstumsstopp. Es wäre daher völlig ausreichend, sich seine Kübelpflanzen und andere kälteempfindliche Pflanzen erst kurz vor diesem Termin zu kaufen. Wenn Sie allerdings Angst haben, dass die eine oder andere Lieblingspflanze ausverkauft ist, lassen Sie sich diese gegen eine Anzahlung reservieren.

Praktisch und bequem: Pflanzenkonzepte für jede Jahreszeit

Frühlingsflirt®, Sommerlust® und Herbstzauber® – das sind ganz wunderbare Pflanzenkollektionen für die entsprechenden Jahreszeiten. Man bekommt sie in den meisten Gartencentern, beim Zierpflanzengärtner und teilweise auch in großen Blumenläden.
Vorteil: Alle Pflanzen harmonieren wunderbar, was ihre Farben und Größen angeht und können nach Lust und Laune miteinander kombiniert werden.
Ganz gleich ob im Topf, einer Schale, im Terrassenbeet oder Garten, der Erfolg ist Ihnen sicher, denn die Pflanzen sind äußerst robust und pflegeleicht.

Kästen, Töpfe und Schalen

Die Auswahl an Pflanzgefäßen ist enorm. Es gibt die unterschiedlichsten Formen in verschiedenen Materialien und in jeder Preislage. Wobei Terrakotta- und Tontöpfe ganz oben auf der Hitliste stehen.

Terrakotta und Ton

In warmen Farben, schlicht oder reich verziert, gibt es sie in vielen Formen. Für Gehölze oder Stauden sind vor allem frostfeste Gefäße zu empfehlen. Der wesentlich höhere Preis (da mehrfach gebrannt) macht sich hier in jedem Fall bezahlt, denn ob Apfelbaum oder Scheinzypresse, Hortensie oder Rose, die Pflanzen können dann über Jahre hinweg im gleichen Topf bleiben. Das heißt allerdings, dass er eine entsprechende Grundgröße haben muss. Frostfeste Terrakotta-Gefäße kommen vorwiegend aus Italien, England, Griechenland und zunehmend auch aus Ostländern. Wobei sie in den Ursprungsländern eine lange Tradition haben. Die englischen Wichford-Töpfe werden nach wie vor von Hand getöpfert, was sie natürlich schier unbezahlbar macht. Doch auch bei uns in Deutschland werden frostfeste Tontöpfe produziert, sie sind nur nicht so bekannt. Die Kübel sind schlicht, ohne Schnörkel, klar in den Formen und sehr schwer. Ob tiefe Baumkübel oder flache Schalen mit mehr als 1 m Durchmesser, die ziegelfarbenen Gefäße können sich sehen lassen und bleiben über Jahre hinweg schön.

Kunststoff – nie gab es so eine tolle Auswahl

Eine immer größere Rolle spielen auch Kunststofftöpfe. Sie sind mittlerweile so perfekt gemacht, dass man oft erst durchs Anfassen bemerkt, dass es kein Ton oder Terrakotta ist. Außerdem sind sie leicht, es gibt sie in den unterschiedlichsten Farben und Formen und sie sind preiswert. Balkonkästen und Hängeampeln sind fast immer aus Kunststoff.

Wasserspeichermatten werden individuell für jedes beliebige Gefäß zugeschnitten und auf den Gefäßboden gelegt. Sie halten das Gießwasser fest und geben es bei Bedarf wieder ab.

Tonkegel, verbunden mit Schläuchen und einem Wassertank, werden in die Topferde gesteckt. Bei Trockenheit öffnet eine Membran die Wasserzufuhr. So werden die Pflanzen nach Bedarf mit Wasser versorgt.

Terrakotta-Gefäße passen einfach immer; zunehmend kommen zu den echten aus Ton auch hochwertige Kunststoff-Töpfe in Terrakotta-Optik hinzu. Vorteil: Sie sind leicht und unverwüstlich.

Nicht ganz so einfach: Holz, Metall und Weide

Auch Gefäße aus Holz, Metall und Weide werden gerne verwendet. Sie sind nur etwas heikel. Direkt bepflanzt, beginnen Holz und Weide leicht zu faulen und Metall zu rosten. Das ist nicht nur ein optisches Problem, auch die Pflanzen können dadurch in Mitleidenschaft gezogen werden. Deshalb sollten Sie diese Materialien vor dem Bepflanzen mit Folie ausschlagen und für eine großzügige Dränage mit Tonscherben oder Kieselsteinen sorgen.

Praktisch mit Wassertank

Falls Sie sich gerade mit der Anschaffung neuer Kästen beschäftigen, nehmen Sie auf jeden Fall möglichst breite und tiefe Gefäße, denn schon 1 oder 2 cm mehr Platz tun den Pflanzen gut. Interessant sind auch Kästen mit integriertem Wassertank im Boden. Je nach Modell sind sie mit Vlies, Dochten oder Erdkegel ausgestattet, die den Wurzelbereich gleichmäßig feucht halten, sofern natürlich Wasser im Tank ist. Es gibt Systeme mit bis zu 7 l Fassungsvermögen. Das verringert den Gießstress erheblich.

Bewässerungssysteme mit Köpfchen

Automatische Bewässerungssysteme arbeiten in der Regel sehr zuverlässig. Das heißt, je nach System hat jede Pflanze ihren eigenen Feuchtigkeitsfühler im Wurzelballen. Sobald diese Trockenheit signalisieren, nimmt alles seinen Lauf. Wasser gelangt über Schläuche an die Tropfer und wird hier an die Pflanzen abgegeben. Wenn das System richtig installiert ist, sind alle Pflanzen vernetzt und werden bei Bedarf automatisch versorgt. Bevor Sie jedoch für längere Zeit verreisen, empfiehlt sich ein mindestens einwöchiger Probelauf. Infos über die verschiedenen Techniken gibt es im Fachhandel und Gartencenter.

Kästen und Schalen bepflanzen

Bei Hängeampeln ist es besonders wichtig, dass Sie beim Bepflanzen den Gießrand nicht vergessen. Hängt die Ampel erst an ihrem Platz, ist es sehr ärgerlich, wenn beim Gießen Erde mit ausgespült wird. Bis das Gefäß durchwurzelt ist, verstreichen Wochen.

Ganz gleich, zu welcher Jahreszeit gepflanzt wird, gebrauchte Gefäße müssen zunächst einmal gründlich mit einer Bürste und Wasser gereinigt werden. Sind Schimmelreste oder sonstige Ablagerungen zu sehen, können Sie zusätzlich Schmierseife verwenden, kräftig schrubben und gründlich mit viel klarem Wasser nachspülen. Legen Sie neue Terrakotta-Kübel und Tontöpfe vor dem Bepflanzen über Nacht in eine Wanne voll kaltem Wasser, damit sie sich vollsaugen können.

Bei allen Gefäßen sollten Sie darauf achten, dass ein oder mehrere Wasserabzugslöcher vorhanden sind. Ansonsten sollten Sie mit einem Akkubohrer rasch welche bohren.

Profi Tipp von mein schöner Garten

Je regelmäßiger Balkonblumen ausgeputzt und gedüngt werden, umso schöner entwickeln sie sich. Verwenden Sie nur beste Balkonpflanzenerde, auch wenn sie etwas teurer ist. Kübelpflanzen und Gehölze sollten spätestens alle drei Jahre frische Erde und gegebenenfalls einen größeren Topf bekommen.

So wird gepflanzt

Zunächst das Abzugsloch mit Tonscherben oder Kieselsteinen bedecken, damit zu viel Wasser gut abfließen kann. Sinnvoll ist zudem eine Dränage aus Blähton, Kieselsteinen oder Tonscherben. Damit wird das Verstopfen der Löcher verhindert. Das Gefäß mit guter, neuer Pflanzerde füllen und einen Gießrand lassen. Ist der Wurzelballen trotz vorherigem Wässern sehr fest, mit den Fingern etwas lockern.

Kommen mehrere Pflanzen in ein Gefäß, unbedingt etwas Abstand dazwischen lassen. „Weniger ist mehr" heißt es bei der Pflanzenmenge. Wenn Sie unentschlossen sind, entscheiden sie sich lieber für eine Pflanze weniger, die anderen können sich so besser entfalten. Bei einer Kastengröße von 1 m Länge, 32 cm Höhe und 24 cm Breite sind zum Beispiel sieben oder acht klassische, einjährige Balkonpflanzen zu empfehlen. Grundsätzlich die Pflanzen nur so tief einpflanzen, wie diese zuvor im Einzeltopf standen.

Blütenpracht auf kleinstem Raum

Blumenampeln und Hanging Baskets sind eine besondere Augenweide. Wobei eine normale Ampel einfach zu bepflanzen ist. Etwas mehr Fingerspitzengefühl ist bei einem Hanging Basket notwendig, denn er wird auch von der Seite bepflanzt. Dazu einen großen, rostfreien Drahtkorb mit Filz- oder Kokosmatten auskleiden und zur Hälfte mit Erde füllen. Dann seitlich in das Füllmaterial Schlitze schneiden und die Wurzelballen der vorgesehenen Pflanzen behutsam von außen nach innen durch die Kokosmatte schieben und gut mit Erde festdrücken. Nun wieder etwas Erde dazugeben und von oben weitere Pflanzen, halbhängende und stehende, setzen.
Zum Befestigen eignet sich ein Balken, die Decke oder eine Metall-Halterung aus stabilen Eisenbändern, die an die Wand geschraubt wird. Ideal ist ein Pflanzkorb mit Zugvorrichtung, den kann man zum Wässern und Ausputzen gut herunterlassen.

Balkonkästen richtig bepflanzen

1

1. Überzeugen Sie sich zunächst, ob der Kasten ein Wasserabzugsloch hat. Wenn nicht, unbedingt mehrere Löcher hineinbohren. Diese mit Tonscherben abdecken, damit das Wasser immer gut abfließen kann und den Kasten etwas mehr als zur Hälfte mit Blumenerde füllen.

2

2. Die vorgesehenen Balkonpflanzen vorsichtig aus dem Topf nehmen. Sollte die Erde zu sehr eingetrocknet sein, nicht daran reißen und zerren, sondern vorher besser kurz in einen Eimer mit Wasser tauchen; so lösen sie sich leichter. Alle Pflanzen im Kasten zurechtlegen.

3

3. Den Wurzelballen der ausgetopften Pflanzen rundherum mit Erde auffüllen und gut festdrücken; er sollte etwa 2 cm unter dem Gefäßrand bleiben. So wird beim Gießen keine Erde aus dem Kasten gespült.

4

4. Die Balkonpflanzen gut angießen und bei vorgedüngter Erde entweder alle vier bis fünf Wochen flüssig düngen oder einen geeigneten Depotdünger verwenden. Dieser reicht die ganze Saison über aus.

Pflegetipps für den Topfgarten

An sonnig-heißen Tagen mehrmals täglich gießen. Am besten vormittags und nach 18 Uhr.

Verblühtes regelmäßig abknipsen und kranke oder vertrocknete Zweige mit der Schere abschneiden.

Damit sich Balkonpflanzen üppig, farbenfroh und gesund entwickeln, brauchen sie viel Aufmerksamkeit und eine pflegende Hand.

Im Frühjahr umtopfen

Kübelpflanzen und überwinterte Balkonpflanzen werden im Frühjahr, bevor sie wieder ins Freie kommen, in frische Erde umgetopft. Häufig ist auch ein größeres Gefäß nötig; dabei die Dränageschicht nicht vergessen!

Wasser marsch!

Gegossen wird, sobald die Erdoberfläche 1 bis 3 cm tief abgetrocknet ist. An heißen Tagen bedeutet das, ein- bis zweimal täglich gießen. Ansonsten können Sie ein bis zwei Tage mit dem Gießen pausieren. Besonders durstig sind Hanging Baskets. Gegossen wird am besten mit weichem, kalkarmem und nicht zu kaltem Wasser, ideal ist Regenwasser.

Düngen muss sein

Wenn Sie vorgedüngte Erde verwendet haben, ist die erste Düngung frühestens vier Wochen nach der Pflanzung fällig. Es gibt individuell auf einzelne Pflanzengruppen abgestimmte Dünger, zum Beispiel für Tomaten oder Blütenpflanzen.
Wer es besonders pflegeleicht mag, entscheidet sich für einen Depotdünger. Er ist zwar etwas teurer, reicht aber in der Regel für vier bis sechs Monate und somit für die ganze Balkonsaison aus.

Wichtige Pflegearbeiten

Sie sollten wöchentlich alle Balkon- und Kübelpflanzen auf Schädlingsbefall und Krankheiten hin unter-

Während der Hauptblütezeit sollten Sie Ihre Balkon- und Kübelpflanzen alle zwei Wochen düngen, es sei denn, Sie haben beim Auspflanzen Depotdünger mit in das Gefäß gegeben. Dann reicht die Ration bis zu sechs Monaten (siehe Düngemittel-Anleitung).

suchen und bei Bedarf sofort einschreiten; dabei können Sie gleich Verblühtes, abgebrochene Zweige oder gelbe Blätter entfernen. Das fördert den Blütenansatz und hält die Pflanzen schön in Form. Schneiden Sie Strauchmargeriten, Goldfelberich, Lavendel, Lobelien oder Rittersporn nach der Blüte um etwa ein Drittel zurück, dann treiben sie noch einmal aus. Zum Schneiden wird die Schere leicht schräg über einer Knospe, direkt oberhalb eines Seitentriebes angesetzt.

Hochstämmchen lassen sich auch selbst ziehen

1. Pflanzen selbst zu ziehen macht Spaß: Wählen Sie eine kräftige Jungpflanze mit einem geraden, kräftigen Mitteltrieb aus. Zum Beispiel von einer Geranie, Zitrone, Margerite, Fuchsie oder einem Wandelröschen. Auch Buchsbäumchen oder Rosmarin sind geeignet.

2. Triebe entfernen: Bis auf den Mitteltrieb alle Triebe an der Basis entfernen. Auch alle Seitenverzweigungen werden am Ansatz weggeschnitten. Verwenden Sie dafür eine scharfe Schere und stützen Sie den Stamm mit einem Stab, zum Beispiel aus Bambus oder Weide.

3. Dichte Krone: Ist der Trieb etwa 50 cm hoch und bereits verzweigt, wird er abgeschnitten. Dadurch wird sich die Krone gut weiter verzweigen. Blätter und neue Seitentriebe am Stamm sowie Triebspitzen immer wieder entfernen, dadurch bildet sich eine dichtere Krone.

Tipps zur Pflanzenvermehrung

Zu den gebräuchlichsten Methoden, Pflanzen zu vermehren, gehören Aussaat, Stecklingsvermehrung und die Wurzelstockteilung im Frühjahr oder Herbst.

Aussaat

Für die Aussaat von Balkonpflanzen braucht man einen hellen und warmen Platz. Damit sich das Saatgut auch tatsächlich wie gewünscht entwickelt, ist oft zusätzliches Licht notwendig. Verwenden Sie nur bestes Saatgut. Steht auf der Saat-Tüte F 1-Hybride, so ist das ein wichtiges Qualitätskriterium. Für die Aussaat gibt es spezielle Aussaatschalen mit Abdeckhauben, jede andere Schale tut es jedoch genauso, wie beispielsweise die Kunststoffschälchen, in denen Beerenobst angeboten wird. Die gekeimten Sämlinge müssen stets gut feucht gehalten werden.

Schnell gemacht: Vermehrung durch Stecklinge

1. Von gesunden Pflanzen mit einem kleinen, scharfen, absolut sauberen Messer Stecklinge (an den Triebenden) abschneiden.

2. Die unteren Blätter vorsichtig entfernen und anschließend die Stecklinge in 5 bis 10 cm Länge schneiden.

3. Die vorbereiteten Stecklinge zuerst in Bewurzelungshormon tauchen, dann in Erde stecken, vorsichtig andrücken und behutsam mit Wasser angießen.

4. Über die Töpfe transparente Kunststofftüten stülpen und hell, aber nicht sonnig aufstellen. Gleichmäßige Feuchtigkeit beschleunigt die Bewurzelung.

Stecklingsvermehrung

Diese Art der Vermehrung macht nicht nur sehr viel Spaß, sondern ist auch im Nu gemacht. Man schneidet sich zum Beispiel die Stecklinge seiner Lieblingspflanze, sei es nun eine Duft-Pelargonie, der Oleander oder der duftende Ananas-Salbei, und steckt sie in die Erde. Mit etwas Glück kann man schon nach wenigen Wochen beobachten, dass der Steckling Wurzeln gebildet hat und neue Blätter treibt.

Als Stecklinge eignen sich die Triebe gesunder Pflanzen. Man schneidet sie unmittelbar unter einem Blattknoten ab, taucht sie in Wurzelfix (Bewurzelungshormon) und steckt sie einzeln oder in Gruppen in einen mit Erde gefüllten Topf. Wer mag, verwendet dafür Vermehrungserde, normale Gartenerde geht auch.

Die beste Zeit für die Stecklingsvermehrung ist im Frühjahr und Sommer. Im Frühjahr macht es besonders Sinn, Gehölztriebe zu stecken. Buchbaum zum Beispiel lässt sich so ausgesprochen gut vermehren. Die klassischen Balkon- und Kübelpflanzen sind im August dran – seien es Rosmarin, Thymian, Zitronenstrauch, Lavendel, Pelargonien, Fuchsien, Fleißige Lieschen oder Margeriten, Zigarettenblümchen, Mottenkönig oder Kapkörbchen.

Wurzelstockteilung

Diese Vermehrungstechnik ist vor allem bei Stauden üblich. Haben Sie einen Topf mit Glockenblumen oder Pfefferminze, so empfiehlt es sich spätestens alle zwei bis drei Jahre, die Pflanze herauszunehmen und den Wurzelballen je nach Größe vorsichtig mit der Hand in zwei Stücke zu teilen. Diese Wurzelstücke werden dann mit frischer Erde wieder eingetopft. Bester Zeitpunkt dafür ist das zeitige Frühjahr!

Viele Stauden und Kübelpflanzen, hier eine Schmucklilie (Agapanthus), *lassen sich im Frühjahr oder im Herbst gut teilen. Dazu den Wurzelstock aus dem Topf nehmen und vorsichtig in zwei Stücke teilen.*

Erste Hilfe: Was tun bei Schädlingsbefall?

Weiße Fliege: Diese lästige Mottenschildlaus hat es auf Balkon- und Kübelpflanzen geradezu abgesehen. Bei Befall Schmierseifenlösung spritzen und Gelbtafeln aufhängen.

Blattläuse: In diesem fortgeschrittenen Stadium sind Läuse eine echte Gefahr für die Pflanzen. Am besten spritzen Sie mehrmals in der Woche mit Schmierseifenlösung.

Topfpflanzen brauchen Winterschutz

Spätestens, wenn im Herbst die Temperaturen auf etwa 10 °C sinken und Fröste angesagt werden, ist es Zeit, kälteempfindliche Pflanzen ins Winterquartier zu bringen. Auch winterharte Stauden und Gehölze, die im Topf draußen bleiben, brauchen Frostschutz, damit die Erde nicht so schnell durchfriert. Dazu werden die Gefäße, wie unten gezeigt, in Noppenfolie oder mit Kokosmatten eingepackt. Beide Materialien gibt es im Gartencenter und in Warengenossenschaften. Außerdem empfiehlt es sich, die Töpfe nicht direkt auf dem Boden stehen zu lassen, sondern unbedingt auf Holzklötzchen oder Steine zu stellen, damit bei Regen überschüssiges Wasser stets gut abfließen kann. Schützen Sie die Pflanzen im Freien zusätzlich durch Abdecken mit Tannenzweigen. Dann überstehen sie einen raschen Wechsel von Sonne, Regen und Frost (kann fatale Folgen haben) besser.

Schneiden Sie hohe Ziergräser im Herbst keinesfalls ab, auch wenn sie noch so unattraktiv aussehen, sonst kann Nässe in den Wurzelbereich eindringen, was in der Regel Fäulnis zur Folge hat. Sinnvoller ist es, hohe Gräser schopfartig mit einer Schnur zusammenzubinden und erst im Frühjahr zurückzuschneiden.

Profi Tipp von mein schöner Garten

Ob mehrjährige Kräuter, Stauden, mediterrane Kübelpflanzen oder Gehölze: ab Mitte August unbedingt das Düngen einstellen. Sonst reifen die Triebe nicht mehr aus, was zur Folge hat, dass die Pflanzen besonders frostgefährdet sind.

Gehölze im Topf – hier Buchs – können im Freien überwintern

1. Zunächst den Buchstopf auf Füßchen oder Steine stellen. Danach das Terrakotta-Gefäß rundum mit Noppenfolie einschlagen und diese mit einer Schnur festbinden.

2. Danach den Topf eng anliegend mit Schilfmatte (gibt es in unterschiedlichen Größen als Meterware im Gartencenter) ummanteln und mit Draht befestigen.

3. Die Erde mit einer dicken Strohschicht bedecken und rundum gut festdrücken. Den Buchs auch im Winter an frostfreien Tagen hin und wieder gießen.

4. Attraktiv und doppelt geschützt: Dank Noppenfolie und Bambusmatte kommt der Buchsbaum gut über den Winter.

Winterschutz ist auch für Fetthenne, Heide und Bergenie im Topf nicht verkehrt. Die Noppenfolie wird mit dekorativer Jute und Kordel kaschiert.

Kälteempfindliche Kübelpflanzen ins Haus holen

So wunderschön Kübelpflanzen im Sommer sind, so problematisch kann es mit der Unterbringung im Winter werden. Ob Oleander, Bougainvillee, Engelstrompete, Wandelröschen oder Zitrusgewächse wie Zitrone, Clementine, Kumquat oder Mandarine: Zum Überleben brauchen sie im Winter ein frostfreies Quartier. Sie haben draußen im Freien absolut keine Überlebenschance, selbst wenn man sie warm einpackt, funktioniert es nicht. Für die meisten ist ein helles, frostfreies Winterquartier mit Temperaturen zwischen 5 und 10 °C optimal (Grundsatz: je heller, desto wärmer). Das gilt vor allem für immergrüne Kübelpflanzen, wie die Passionsblume oder Zitrusarten. Pflanzen, die am Fenster, im Treppenhaus oder Keller platziert werden, sollten Sie hin und wieder drehen, sonst wachsen sie einseitig.

Die Genügsamen

Laub abwerfende Pflanzen wie Bleiwurz, Bougainvillee, Engelstrompete oder der beeindruckend blau blühende Enzianstrauch (*Lycianthes rantonnetii*) können problemlos im Dunkeln stehen. Wichtig ist nur, dass Sie die abfallenden Blätter alle aufsammeln und entsorgen, damit eventuell vorhandene Krankheitskeime nicht in die Topferde eindringen können oder auf andere Gefäße übertragen werden.

Was passiert mit den Balkonblumen?

Die meisten Balkonpflanzen haben keine realistische Chance, den Winter zu überleben, denn sie haben einen hohen Licht- und Wärmebedarf und sehen auch nicht mehr sehr attraktiv aus. Ausnahmen bilden zum Beispiel Pelargonien, Fuchsien und Begonien. Für sie lohnt sich die Überwinterung.

Giessen nicht vergessen

Mit oder ohne Blätter, drinnen oder draußen, Pflanzen brauchen auch in der Ruhephase Wasser. Hierfür gilt, je heller und wärmer der Überwinterungsplatz ist, umso häufiger muss gegossen werden. Wobei belaubte Pflanzen einen wesentlich höheren Bedarf haben als zurückgeschnittene oder Laub abwerfende Pflanzen. In dunklen Räumen ist der Wasserbedarf deutlich geringer. Achten Sie deshalb unbedingt darauf, dass das Pflanzsubstrat lediglich leicht feucht ist. Stehen sie zu nass, kommt es unweigerlich zu Wurzelfäule und somit zum Totalausfall der Pflanze.

Transportieren Sie Kübelpflanzen immer zu zweit, entweder mit einem Sackkarren oder mit einem entsprechenden Tragegurt.

Pflegekalender rund ums Jahr

Januar

- Kübelpflanzen im Winterquartier regelmäßig auf Trockenheit und Schädlingsbefall hin überprüfen.
- Gehölze und Sträucher im Kübel von Schneelast befreien, um Astbruch zu verhindern.
- Immergrüne draußen an frostfreien Tagen gießen.

Februar

- Ab Mitte des Monats vorgetriebene Frühjahrsblüher in Schalen pflanzen, geschützt aufstellen.
- Droht Frost, Gefäße abdecken oder ins helle, ungeheizte Treppenhaus stellen.

März

- Ab Mitte des Monats erste Radieschen im Balkonkasten aussäen.
- Kräuter wie Salbei, Thymian und Rosmarin kräftig zurückschneiden; falls nötig, umtopfen.

April

- Bei milder Witterung robuste Kübelpflanzen ins Freie stellen, ausputzen und gegebenenfalls in einen größeren Topf umpflanzen.
- Triebe der Strauchmargerite einkürzen.
- Frisch Gepflanztes regelmäßig gießen.

Mai

- Nach den Eisheiligen können alle Pflanzen raus.
- Stauden bis Anfang Mai pflanzen.
- Verblühtes von Frühjahrsblühern abschneiden.
- Zwiebelblumen stehen lassen, bis die Stiele verwelkt sind, dann aus der Erde nehmen und trocknen lassen.

Juni

- Bei großer Hitze zweimal täglich gießen.
- Kräuter laufend ernten.
- Blütenarme, lange Petunientriebe zurückschneiden; regelmäßig düngen.
- Kletterpflanzen an Rankhilfe hochleiten.
- Auf Schädlingsbefall und Krankheiten achten.

Juli

- Pflanzen regelmäßig gießen, düngen und ausputzen.
- Mit der Stecklingsvermehrung beginnen.
- Große Pflanzen mit einem Stab stützen.
- Petunien mit gelben Blättern eisenbetont düngen.

August

- Ab Mitte, spätestens Ende des Monats das Düngen einstellen.
- Bougainvilleen-Triebe hin und wieder nach einem Blütenschub um die Hälfte einkürzen.

September

- Größere Stauden teilen, in frische Erde pflanzen.
- Gefäße bei Sturmgefahr gut sichern.

Oktober

- Zwiebelblumen pflanzen.
- Dahlien und Indisches Blumenrohr abschneiden, Knollen aus den Töpfen nehmen, antrocknen lassen, säubern und trocken in Kisten lagern.

November

- Gehölze bei mildem Wetter ab und zu gießen.
- Kräutertöpfe auf Holzklötzchen und geschützt aufstellen, mit Reisig abdecken.
- Hohe Ziergräser schopfartig zusammenbinden.
- Rosenhochstämmchen bis unter die Veredelungsstelle in luftdurchlässiges Sackleinen einpacken.
- Töpfe von Gehölzen mit Noppenfolie einwickeln.

Dezember

- Gelbtafeln gegen Weiße Fliege aufhängen.
- Bei Bedarf gießen und hin und wieder lüften.

Porträts

Klassiker

Pazifik-Margerite, Ajania
Ajania pacifica

Blüte: gelb in Büscheln am Triebende von August bis Oktober. **Wuchs:** 20 bis 50 cm hoch, bis 60 cm breit, seltener auch bis 90 cm, kompakt buschig bis polsterbildend. **Licht:** sonnig. **Pflege:** braucht relativ wenig Dünger; wenig bis regelmäßig gießen, Staunässe unbedingt vermeiden; Verblühtes regelmäßig entfernen. **Überwinterung:** Winterschutz wird empfohlen, da nicht voll frosthart; auch Überwinterung in kühlem Wintergarten möglich. **Besonderheiten:** für Lücken- und Unterpflanzungen; auffallende Blüten; wunderschöne dunkelgrüne, silbrig umrandete Blätter.

Großes Löwenmäulchen
Antirrhinum majus

Blüte: Farbvariationen in Gelb, Rosa, Rot oder Weiß, auch mehrfarbig, von Juli bis Oktober. **Wuchs:** 25 bis 100 cm hoch, 15 bis 60 cm breit, aufrecht buschig. **Licht:** sonnig. **Pflege:** mittel bis reichlich düngen; wenig bis regelmäßig gießen; Entspitzen nach dem fünften Blatt sorgt für buschigen Wuchs; Verblühtes entfernen; von Januar bis April im Haus oder unter Glas aussäen; ab Mai, nach den letzten Frösten ins Freiland pflanzen; Selbstaussaat möglich. **Besonderheiten:** Leitpflanze in Misch- und Kastenpflanzungen; lockt Bienen und Schmetterlinge an.

Noch mehr Balkonstars

Katzenschwanz, Hängender Fuchsschwanz *Acalypha hispaniolae* hat leuchtend rote, hängende Blütenschwänze; blüht ganzjährig in Abständen. **Licht:** hell, keine volle Sonne. **Pflege:** nährstoffreiche Blumenerde; normal gießen, regelmäßig ausputzen, windgeschützter Standort. **Überwinterung:** gut möglich.

Leberbalsam *Ageratum houstonianum* blüht hellblau bis violettblau, purpurrot oder weiß von Mai bis November. **Licht:** sonnig bis halbschattig. **Pflege:** nährstoffreiche Erde; regelmäßig bis häufig gießen; keine Staunässe, jedoch immer gut feucht halten, sonst Spinnmilbenbefall; regelmäßig ausputzen.

Freiland-Elatior-Begonie

Begonia-Cultivars

Blüte: porzellanfarben, weiß, rosa, rot von Mai bis Oktober. **Wuchs:** bis 40 cm hoch und 20 bis 30 cm breit, aufrecht buschig. **Licht:** hell bis halbschattig (Schutz vor zu starker Sonne nötig). **Pflege:** mittlerer bis hoher Nährstoffbedarf; regelmäßig gießen; Staunässe vermeiden, da sonst die Wurzeln sehr leicht faulen; regelmäßig Verblühtes entfernen, um Befall mit *Botrytis* (Grauschimmel) zu verhindern. **Besonderheiten:** Leitpflanze in Misch- und Kastenpflanzungen; erst nach den Eisheiligen auspflanzen (frostempfindlich).

Goldmarie, Goldzweizahn

Bidens ferulifolia (Bild: 'Peter's Goldrush')

Blüte: goldgelb von Mai bis Oktober; duftende Blüten. **Wuchs:** 30 bis 45 cm hoch und 50 bis 60 cm breit, aufrecht buschig bis überhängend, stark wachsend. **Licht:** sonnig. **Pflege:** reichlich düngen; regelmäßig gießen, hoher Wasserbedarf (Trockenheit führt zu Blütenfall); frühzeitig entspitzen; regelmäßig ausputzen; große Töpfe und Kästen verwenden. **Überwinterung:** frostfrei möglich, aber wenig lohnend. **Besonderheiten:** dekorative Ampelbepflanzung; Kombination mit anderen stark wachsenden Pflanzen, wie Hänge-Petunien und *Gnaphalium*.

Dukatenblume, Goldtaler *Asteriscus maritimus* blüht goldgelb von Mai bis Oktober. **Licht:** sonnig. **Pflege:** hoher Nährstoffbedarf; mittlerer Wasserbedarf; Staunässe vermeiden; entspitzen, damit die Pflanze verzweigt; regelmäßig ausputzen. **Überwinterung:** im Haus, hell und kühl.

Eis-Begonie, Gottesauge *Begonia semperflorens*-Hybriden blühen rosa, rot, weiß von April bis Juni. **Licht:** sonnig bis halbschattig. **Pflege:** nährstoffreiche Blumenerde; regelmäßig gießen, aber Staunässe vermeiden, sonst Fäulnis an den Wurzeln; regelmäßig ausputzen und Verblühtes entfernen.

Klassiker

Pantoffelblume
Calceolaria integrifolia

Blüte: leuchtend gelb, orange von Mai bis September. **Wuchs:** 20 bis 50 cm hoch und breit, aufrecht bis überhängend. **Licht:** sonnig bis halbschattig. **Pflege:** mittlerer bis hoher Nährstoffebdarf; regelmäßig bis häufig gießen (nicht über die Blüte!); am besten regengeschützter Platz; regelmäßig Verblühtes entfernen, um *Botrytis* (Grauschimmel) vorzubeugen. **Überwinterung:** frostfreie Überwinterung möglich. **Besonderheiten:** Leit- oder Begleitpflanze in gemischten Kästen und Töpfen; auch gut als Hängepflanze oder in Ampeln verwendbar.

Zauberglöckchen
Calibrachoa Millionbells® Trailing-Sorten

Blüte: Farbvariationen in Weiß, Pink, Blau oder mehrfarbig, neuerdings auch zartgelbe und lachsfarbene Sorten, von Mai bis Oktober. **Wuchs:** 25 bis 35 cm hoch und bis 40 cm breit, hängender Wuchs und niedrig bleibende Mitte, manchmal auch kugelig wachsend. **Licht:** sonnig, bedingt auch halbschattig. **Pflege:** reichlich düngen; gleichmäßig gießen, eher etwas trockener halten. **Besonderheiten:** sehr blühintensiv, Blüten erinnern an hängende Mini-Petunien; ideal für Ampeln, Hanging Baskets und üppige Balkonkästen.

Blütenwunder für den Balkon

Knollen-Begonie *Begonia*-Cultivars (Tuberhybrida) blüht in vielen Farben von Weiß bis Rot, Violett; von Juni bis September. **Licht:** sonnig bis halbschattig. **Pflege:** nährstoffreiche Erde; regelmäßig gießen, ausputzen; Entspitzen für kompakteren Wuchs. **Überwinterung:** gereinigte, abgetrocknete Knollen dunkel, kühl (5 °C) lagern.

Gänseblümchen, Maßliebchen, Tausendschön *Bellis perennis* blüht weiß bis weißrosa, rosa, rot, einfach und gefüllt, von März bis August/September. **Licht:** sonnig bis halbschattig. **Pflege:** mittlerer Nährstoffbedarf; regelmäßig gießen; regelmäßiges Enfernen verblühter Pflanzenteile verlängert die Blütezeit.

Hahnenkamm

Celosia argentea (Bild: *C. a.* var. *cristata*)

Blüte: Farbvariationen in Cremeweiß, Gelb, Orange, Rosa oder Rot von Juni bis September; interessante Form. **Wuchs:** 40 bis 60 cm hoch, 30 bis 50 cm breit, aufrecht, dicht verzweigt. **Licht:** sonnig. **Pflege:** pflegeleicht, mittlerer bis hoher Nährstoffbedarf; regelmäßig gießen; regelmäßig verblühte Pflanzenteile entfernen, um die Blütezeit zu verlängern; Aussaat im Frühjahr unter Glas, ins Freiland kommen die Pflanzen ab Mitte Mai nach den Eisheiligen. **Besonderheiten:** für bunte Blumenbeete und -kästen; interessante Blüten; ideal für Einsteiger.

Herbst-Chrysantheme, Winteraster

Chrysanthmum x *grandiflorum* (und *C. indicum*)

Blüte: Farbvariationen in Gelb, Rosa, Rot, Violett, Weiß, gefüllt und ungefüllt von September bis Oktober. **Wuchs:** 60 bis 130 cm hoch, 30 bis 60 cm breit, aufrecht bis buschig. **Licht:** sonnig. **Pflege:** hoher Nährstoffbedarf; regelmäßig gießen und ausputzen; im Herbst oder Frühling abgestorbene Sprosse entfernen. **Überwinterung:** hell, kühl und trocken; lohnt wenig, da Blüte im nächsten Jahr nur spärlich ist. **Besonderheiten:** Leitpflanze für Herbstbepflanzung, (mit Zwergkoniferen, Efeu, Heidekraut); am besten voll ausgewachsen im Knospen-Stadium kaufen.

Schokoladenblume *Berlandiera lyriata* blüht gelb von Mai bis Juli. **Licht:** sonnig. **Pflege:** mittlerer Nährstoffbedarf; regelmäßig gießen; frühzeitiges Entspitzen der Triebe fördert einen buschigen Wuchs. **Überwinterung:** in milden Regionen im Freiland mit Winterschutz möglich oder frostfrei im Haus überwintern.

Blaues Gänseblümchen, Australisches Gänseblümchen *Brachyscome multifida* blüht blauviolett, hellblau, weiß, rosa, auch gelb von Mai bis Oktober. **Licht:** sonnig. **Pflege:** nährstoffreiche Blumenerde; regelmäßig gießen, weder zu trocken noch zu feucht halten; regelmäßig ausputzen.

Klassiker

Zigarettenblümchen
Cuphea llavea (Bild: 'Tiny Mice')

Blüte: auffällig, leuchtend rot, dunkelrot und violett von Mai bis zum Frost. **Wuchs:** 30 bis 40 cm hoch, 30 bis 90 breit, buschiger Halbstrauch, halbhängend. **Licht:** sonnig bis halbschattig. **Pflege:** pflegeleicht, mittel bis reichlich düngen; regelmäßig gießen und Verblühtes entfernen; bessere Verzweigung durch Einkürzen der Triebe; werden gerne von Blattläusen heimgesucht. **Überwinterung:** im Herbst zurückschneiden (nur knapp ins alte Holz); frostfrei. **Besonderheiten:** Blüten erinnern an das Gesicht eines Mäuschens mit roten Ohren, Bienen- und Hummelweide.

Elfensporn (Bild: Hybride 'Coral Belle')
Diascia barberae und -Hybriden

Blüte: rosa bis rosarot, orangefarben, lachs, auch blassviolett von Mai bis Oktober. **Wuchs:** 20 bis 50 cm hoch und ebenso breit, aufrecht buschig bis überhängend. **Licht:** sonnig bis halbschattig. **Pflege:** nicht zu stark düngen; wenig bis regelmäßig gießen, Staunässe und Ballentrockenheit werden nicht vertragen; frühzeitiges Entspitzen der Triebe bewirkt einen kompakteren und buschigeren Wuchs; im Sommer Verblühtes entfernen. **Überwinterung:** hell und kühl, Pflanze verträgt leichte Minusgrade. **Besonderheiten:** dekorative Ampelbepflanzung.

Gern gesehene Gäste

Garten-Ringelblume *Calendula officinalis* blüht gelb, orange und apricot von Mai bis September. **Licht:** sonnig. **Pflege:** mittlerer Nährstoffbedarf; regelmäßig gießen und Verblühtes entfernen; Selbstaussaat möglich; ab April direkt ins Freiland säen oder ab Februar/März im Haus vorziehen; ab Mai auspflanzen.

Sommeraster *Callistephus chinensis* blüht karminrot, purpur, rosa, violett, blau, gelb und weiß von Juli bis Oktober. **Licht:** sonnig. **Pflege:** nährstoffreiche Blumenerde; regelmäßig gießen und Verblühtes entfernen, gegen Asternwelke resistente Sorten wählen; ab Mai direkt ins Beet säen oder ab Februar im Haus vorziehen.

Fuchsie (Bild: 'ShadowDANCER® Carlotta')

Fuchsia-Cultivars

Blüte: rosa, rot, violett, weiß, auch mehrfarbig, ungefüllt und gefüllt, von Mai bis September. **Wuchs:** 30 bis 120 cm hoch, 30 bis 60 cm breit, aufrecht strauchförmig bis überhängend. **Licht:** halbschattig. **Pflege:** reichlich düngen; regelmäßig gießen; regelmäßig Verblühtes entfernen; windgeschützt stellen; vor dem Einwintern in Form schneiden, ohne dabei zu tief ins alte Holz zu gehen. **Überwinterung:** hell, bei mindestens 3 °C, mäßig feucht. **Besonderheiten:** Blüten- und Ziergehölz, als Hängepflanze für Ampeln, Leitpflanze in Misch- und Kastenpflanzungen.

Vanilleblume

Heliotropium arborescens

Blüte: violettblau, lavendelblau bis tief dunkelblau von Mai bis September. **Wuchs:** 30 bis 120 cm hoch und 30 bis 50 cm breit, aufrecht bis kompakt buschig. **Licht:** sonnig bis halbschattig. **Pflege:** mittlerer bis hoher Düngebedarf; regelmäßig gießen, Staunässe und Ballentrockenheit vermeiden; frühzeitig entspitzen; regelmäßig ausputzen; vor dem Einwintern ab Ende August nicht mehr düngen; windgeschützter Standort. **Überwinterung:** hell, bei etwa 10 °C, wenig gießen. **Besonderheiten:** Vanilleduft; Kübelpflanze; Insektenweide.

Glockenblume *Campanula isophylla* blüht blassblau oder weiß von Juni bis September. **Licht:** sonnig bis halbschattig. **Pflege:** nährstoffreiche Blumenerde; regelmäßig gießen. **Überwinterung:** an hellem, kühlem Standort im Haus möglich, in milden Regionen auch im Freiland mit Winterschutz zu halten.

Stauden-Mittagsblume *Delosperma cooperi* blüht karminrot bis purpurrot von Juni bis Oktober; wird 10 bis 15 cm hoch. **Licht:** sonnig. **Pflege:** pflegeleicht; wenig düngen; sehr wenig bis wenig gießen; lange Triebe im Frühjahr oder Herbst kürzen. **Überwinterung:** frostfrei; nässeempfindlich.

Klassiker

Edellieschen

Impatiens-Neuguinea-Hybriden

Blüte: weiß, lavendelblau, orange, rosa, karminrot, rot von Mai bis September. **Wuchs:** 20 bis 40 cm hoch und 20 bis 30 cm breit, kompakt buschig. **Licht:** sonnig bis halbschattig. **Pflege:** mittlerer Nährstoffebdarf; regelmäßig gießen; Staunässe und Ballentrockenheit vermeiden, sonst Fäulnis; regelmäßig Verblühtes ausputzen; nach Regen verblühte Blüten entfernen, um Befall mit Grauschimmel zu vermeiden. **Überwinterung:** hell, bei mindestens 16 °C möglich. **Besonderheiten:** für Lücken- und Unterpflanzungen; auch als Leitpflanze; Vielblüher.

Fleißiges Lieschen

Impatiens-Walleriana-Hybriden

Blüte: rosa, rote, violette, orangefarbene oder weiße Farbtöne, auch zweifarbig, von Juni bis September. **Wuchs:** 20 bis 60 cm hoch und breit; aufrecht buschig. **Licht:** halbschattig. **Pflege:** mittlerer Düngebedarf; regelmäßig gießen, Staunässe und Ballentrockenheit vermeiden; keine zu heißen Plätze wählen, regelmäßig Verblühtes ausputzen; Aussaat ab März im Haus möglich (die Pflanzen kommen Ende Mai nach draußen). **Besonderheiten:** unermüdlicher Blüher; wird einjährig gezogen; Zimmer- und Begleitpflanze in Kästen und Töpfen; auch als Hänger verwendbar.

Weitere Farbtupfer

Bart-Nelke *Dianthus barbatus* blüht purpurviolett, rosa, rot oder weiß von Juni bis August. **Licht:** sonnig. **Pflege:** mittlerer Nährstoffbedarf; regelmäßig gießen; frühzeitiges Entspitzen der Triebe fördert einen buschigen Wuchs; Aussaat ab Mai, Auspflanzen im September an Ort und Stelle ins Beet.

Kapkörbchen *Dimorphotheca sinuata* blüht gelb, orange, rosa oder weiß von Juli bis September. **Licht:** sonnig. **Pflege:** nährstoffreiche Blumenerde; wenig bis regelmäßig gießen; frühzeitiges Entspitzen der Triebe bewirkt einen kompakteren und buschigeren Wuchs; abgeblühte Triebspitzen regelmäßig entfernen.

Männertreu

Lobelia erinus

Blüte: sortenabhängig blau, rosa, rot, violett, weiß oder auch zweifarbig; Saatgutsorten von Juni bis September, neue Sorten aus vegetativer Vermehrung von Mai bis Oktober. **Wuchs:** 15 bis 25 cm hoch und 20 bis 30 cm breit, rundlich buschig bis überhängend. **Licht:** halbschattig, bedingt auch sonnig. **Pflege:** mittlerer Nährstoffbedarf; regelmäßig gießen, Staunässe oder Austrocknen werden nicht vertragen; nach der Blüte zurückschneiden, dann kommt es zur Nachblüte. **Besonderheiten:** dekorative Ampelbepflanzung; für Lücken- und Unterpflanzungen.

Duftsteinrich

Lobularia maritima

Blüte: hellrosa bis purpurrosa und weiß von Mai bis August. **Wuchs:** 10 bis 30 cm hoch und 20 bis 30 cm breit, kompakt buschig bis polsterartig. **Licht:** sonnig. **Pflege:** mittlerer bis hoher Nährstoffbedarf; wenig bis regelmäßig gießen, Ballentrockenheit vermeiden; Leittriebe frühzeitig entspitzen und verblühte Pflanzenteile regelmäßig entfernen, das verlängert die Blütezeit; von Februar bis April im Haus aussäen und ab Ende Mai ins Freiland setzen. **Besonderheiten:** für bunte Blumenkästen; als Begleitpflanze oder Hänger in gemischten Kästen und Töpfen.

Goldlack *Erysimum cheiri* blüht leuchtend gelborange, auch samtrot, gefüllt und ungefüllt von April bis Juni. **Licht:** sonnig. **Pflege:** mittlerer Nährstoffbedarf; wenig bis regelmäßig gießen; Rückschnitt nach der Blüte verhindert sparrigen Wuchs. **Überwinterung:** Winterschutz empfohlen.

Gelbe Strauchmargerite *Euryops chrysanthemoides* blüht goldgelb von Mai bis Oktober. **Licht:** sonnig. **Pflege:** hoher Nährstoffbedarf; in der Hauptwachstumszeit regelmäßig gießen und ausputzen; bei Hochstämmchen Triebe in Form schneiden. **Überwinterung:** hell, bei 6 bis 10 °C; wenig gießen, nicht austrocknen lassen.

Klassiker

Elfenspiegel

Nemesia fruticans (Bild: 'KAROO® Blue')

Blüte: weiß, blauviolett, rosa, rot, lachs, gelb, auch zweifarbig, von Mai bis Oktober. **Wuchs:** 30 bis 50 cm hoch, 30 bis 40 cm breit, niederliegend bis hängend. **Licht:** sonnig bis halbschattig. **Pflege:** mittlerer Nährstoffbedarf; auf gleichmäßige Bodenfeuchtigkeit achten, Staunässee führt zu Wurzelschäden; regelmäßig Verblühtes ausputzen; Triebe entspitzen für gleichmäßigen Wuchs; bei Samenansatz im Sommer kräftiger Rückschnitt, um neuen Blütenflor zu fördern. **Besonderheiten:** lange Blütezeit; dekorative Ampelpflanze; für Lücken- und Unterpflanzungen.

Ziertabak

Nicotiana x *sanderae*

Blüte: rot, rosa, purpur, weiß von Juli bis September. **Wuchs:** 40 bis 60 cm hoch und 20 bis 40 cm breit, aufrecht. **Licht:** sonnig. **Pflege:** mittlerer bis hoher Nährstoffbedarf; wenig bis regelmäßig gießen; windgeschützter Platz ist von Vorteil; regelmäßig Verblühtes ausputzen, um die Blütezeit zu verlängern; frühzeitig entspitzen, damit Pflanze buschig wächst; Rückschnitt der verblühten Triebe im Juli fördert Neuaustrieb. **Besonderheiten:** für Einsteiger; auffallende sternartige, duftende Blüten; um beste Wirkung zu erzielen, immer in Gruppen pflanzen.

Blütenpracht für Balkon und Terrasse

Kapaster, Felicie *Felicia amelloides* blüht blau mit gelber Mitte von Mai bis Oktober und wächst rundlich buschig bis zu 50 cm hoch. **Licht:** sonnig. **Pflege:** mittlerer Nährstoffbedarf; wenig bis regelmäßig gießen; Haupttriebe entspitzen und abgewelkte Blüten entfernen. **Überwinterung:** hell, bei 6 bis 10 °C, mäßig feucht halten.

Rebhuhnbeere, Rote Teppichbeere *Gaultheria procumbens* blüht weiß von Juni bis August, wächst flach kriechend und wird 10 bis 15 cm hoch. **Licht:** halbschattig. **Pflege:** mittlerer Nährstoffbedarf; regelmäßig mit weichem Wasser gießen; Schnitt im Frühjahr; nach der Blüte abgeblühte Triebspitzen wegschneiden.

Kapkörbchen

Osteospermum ecklonis

Blüte: weiß, gelb, orange, violett von Mai bis September. **Wuchs:** 40 bis 60 cm hoch und 40 bis 60 cm breit, aufrecht bis breit buschig. **Licht:** sonnig. **Pflege:** mittlerer bis hoher Nährstoffbedarf; mittlerer Wasserbedarf; regelmäßig ausputzen; frühzeitiges Entspitzen junger Triebe sorgt für buschigen Wuchs. **Überwinterung:** kann frostfrei und hell überwintert werden, lohnt aber meist nicht. **Besonderheiten:** interessante Blütenform; als Leit- und Begleitpflanze für gemischte Kästen; bringt mediterranes Flair auf Balkon und Terrasse.

Hängende Pelargonie

Pelargonium peltatum in Sorten (Bild: 'Teske')

Blüte: Farbvariationen in Purpur, Rosa, Rot, Violett, Weiß, auch zweifarbig von Mai bis Oktober. **Wuchs:** 30 bis 40 cm hoch und 30 bis 50 cm breit, kräftig buschig, überhängend. **Licht:** sonnig. **Pflege:** hoher Nährstoffbedarf; regelmäßig gießen; verblühte Pflanzenteile regelmäßig entfernen, um die Blütezeit zu verlängern; im Herbst vor der Überwinterung der Pflanzen um etwa ein Drittel zurückschneiden. **Überwinterung:** bei mindestens 3 °C an einem hellen Standort, trocken halten. **Weitere Art:** Stehende Pelargonie (*P. zonale* in Sorten).

Gazanie, Mittagsgold *Gazania rigens* blüht leuchtend orange, weiß, rosa, auch zweifarbig von Mai bis Oktober. **Licht:** sonnig. **Pflege:** nährstoffreiche Blumenerde; wenig bis regelmäßig gießen; regelmäßig Verblühtes entfernen. **Überwinterung:** bei mindestens 3 °C an einem hellen Standort.

Extra-Tipp

Die Beliebtheit von Pelargonien kommt nicht von ungefähr: Sie sind unproblematisch und bilden wunderschöne Blüten. Und genau diese verleiten dazu, sie in einem Sträußchen zu verwenden. Egal, welche Farbe, mit Schleierkraut gebunden, wirken sie besonders charmant. Sie halten mindestens zwei Wochen im Wasser.

Klassiker

Zitronen-Duftgeranie

Pelargonium crispum 'Variegatum'

Blüte: rosa von Mai bis August; Blüte nur nach kalter Überwinterung. **Wuchs:** 30 bis 50 cm hoch und 20 bis 50 cm breit, aufrecht buschig. **Licht:** sonnig. **Pflege:** hoher Nährstoffbedarf; regelmäßig gießen; verblühte Pflanzenteile regelmäßig entfernen; im Herbst oder Frühjahr den Spross um etwa ein Drittel zurückschneiden. **Überwinterung:** bei mindestens 3 °C an einem hellen Standort. **Besonderheiten:** Blatt- und Blütenschmuck; auffallendes, nach Zitrone duftendes Laub; andere Arten und Sorten in verschiedenen Duftrichtungen.

Pentas

Pentas lanceolata

Blüte: hellrosa, rot, violett, weiß von Mai bis September. **Wuchs:** 20 bis 50 cm hoch und 20 bis 40 cm breit, aufrecht buschig. **Licht:** sonnig bis halbschattig. **Pflege:** reichlich düngen; regelmäßig gießen; frühzeitiges Entspitzen der Triebe bewirkt einen kompakteren und buschigeren Wuchs; Abgeblühtes ist regelmäßig zu entfernen, um die Blütezeit zu verlängern; Stecklingsvermehrung im Frühjahr. **Überwinterung:** hell, bei Zimmertemperatur. **Besonderheiten:** auffallende Blüten, auch als Zimmerpflanze geeignet; Liebhaberpflanze, nicht ganz einfach zu kultivieren.

Sie blühen um die Wette

Strauch-Veronika *Hebe* x *andersonii* blüht je nach Sorte rot, rosa, violett, weiß von August bis September. **Licht:** sonnig bis halbschattig. **Pflege:** geringer Nährstoffbedarf; gleichmäßige Feuchte, keine Staunässe, Abgeblühtes entfernen. **Überwinterung:** bei 5 bis 10 °C, hell, luftig, in milden Regionen mit Winterschutz im Freien.

Sonnenblume *Helianthus annuus* blüht einfach oder gefüllt, gelb, orange, rotbraun, mit brauner Mitte von Juli bis September. **Licht:** sonnig. **Pflege:** hoher Nährstoffbedarf; regelmäßig bis häufig gießen; hohe Pflanzen stützen und windgeschützt stellen; Sonnenblumen werden ab April direkt an Ort und Stelle ausgesät.

Cinerarie

Pericallis x hybrida

Blüte: Farbvariationen in Rosa, Rot, Violett, Blau, Weiß und Kupfer von März bis Juni; strahlenförmige, auffallende Blüten. **Wuchs:** 25 bis 60 cm hoch und 20 bis 60 cm breit, aufrecht buschig. **Licht:** sonnig. **Pflege:** mittlerer bis hoher Nährstoffbedarf; regelmäßig gießen, aber Staunässe vermeiden; regelmäßig Verblühtes entfernen. **Überwinterung:** hell, bei mindestens 16 °C. **Besonderheiten:** Frühjahrsblüher; Leit- und Begleitpflanze in Misch- und Kastenpflanzungen; auch als Zimmerpflanze für kühle Räume oder mäßig warme Wintergärten geeignet.

Hänge-Petunie

Petunia x atkinsiana

Blüte: Farbvariationen je nach Sorte in Rosa, Rot, Violett, Weiß und Gelb, auch mehrfarbig, ungefüllt und gefüllt, von Mai bis September. **Wuchs:** 15 bis 25 cm hoch und 30 bis 60 cm breit; niederliegend bis stark hängend. **Licht:** sonnig. **Pflege:** reichlich düngen; regelmäßig gießen; möglichst regengeschützten Standort auswählen; frühzeitiges Entspitzen der Triebe sorgt für buschigeren Wuchs; regelmäßiges Ausputzen verblühter Pflanzenteile verhindert Pilzinfektionen. **Besonderheiten:** als Hänger für dekorative Ampeln; Begleitpflanze in Kästen und Töpfen.

Asiatischer Felberich *Lysimachia congestiflora* blüht goldgelb von Mai bis September und wächst flach kriechend bis hängend bis 25 cm hoch. **Licht:** sonnig. **Pflege:** nährstoffreiche Blumenerde, ausglichener bis hoher Nährstfoffbedarf; regelmäßig gießen; Verblühtes regelmäßig entfernen. **Überwinterung:** im Freien (winterhart).

Levkoje *Matthiola incana* blüht hellrosa, purpur, violett, blau, weiß, zartgelb von Mai bis Juli. **Licht:** sonnig. **Pflege:** nährstoffreiche Blumenerde; regelmäßig gießen; keine zu nassen oder trockenen Plätze; lange Triebe entspitzen; regelmäßig ausputzen; ab Februar im Haus aussäen (ab Ende Mai an endgültigen Platz setzen).

Klassiker

Portulakröschen

Portulaca grandiflora-Hybriden

Blüte: Farbvariationen in Gelb, Rosa, Rot oder Weiß von Juni bis August. **Wuchs:** 10 bis 20 cm hoch und 15 bis 30 cm breit, flach wachsend bis kriechend. **Licht:** sonnig. **Pflege:** sehr geringer Nährstoffbedarf, bei Überdüngung droht Geilwuchs; sehr wenig bis regelmäßig gießen; regelmäßig verblühte Pflanzenteile entfernen, um die Blütezeit zu verlängern; ab März im Haus aussäen (Jungpflanzen kommen ab Ende Mai ins Freiland). **Besonderheiten:** als Begleitpflanze oder Hänger in Kästen und Töpfen; schöne Blüten, die bei wenig Licht schließen.

Pracht-Salbei

Salvia splendens

Blüte: leuchtendes Rot, auch Lachs- und Lilatöne von Juli bis September. **Wuchs:** 30 bis 40 cm hoch und 20 bis 30 cm breit, aufrecht buschig. **Licht:** sonnig. **Pflege:** pflegeleicht, mittlerer bis hoher Nährstoffbedarf; regelmäßig gießen; frühzeitiges Entspitzen fördert einen buschigeren Wuchs; Verblühtes regelmäßig entfernen; Aussaat von Februar bis April geschützt im Haus, Jungpflanzen ab Mitte Mai nach draußen pflanzen. **Besonderheiten:** meist einjährig gezogen; kräftige Rottöne sorgen für ein exotisches Flair; relativ kurzlebig.

Für jeden Geschmack ist etwas dabei

Gauklerblume *Mimulus* x *hybridus* blüht sortenabhängig leuchtend gelb, orange, rot von Juni bis September. **Licht:** sonnig. **Pflege:** nährstoffreiche Blumenerde; regelmäßig bis häufig gießen; regelmäßig verblühte Triebe ausputzen; Liebhaberpflanze; Achtung: Staude kann sich stark aussamen.

Nierembergie *Nierembergia hippomanica* blüht lavendelblau und weiß von Juni bis September. **Licht:** sonnig bis halbschattig. **Pflege:** mittlerer Nährstoffbedarf; regelmäßig bis häufig gießen; frühzeitiges Entspitzen für gute Verzweigung; Verblühtes ausputzen. **Überwinterung:** in milden Regionen im Freien mit Winterschutz.

Husarenknopf

Sanvitalia procumbens (Bild: 'Sunbini')

Blüte: gelb mit dunkelbrauner oder grüner Mitte, auch orange mit dunkler Mitte, von Juni bis September. **Wuchs:** 10 bis 20 cm hoch und 20 bis 40 cm breit; niederliegend bis buschig, dicht verzweigt. **Licht:** sonnig. **Pflege:** mittlerer bis hoher Nährstoffbedarf; regelmäßig gießen, Staunässe vermeiden; regelmäßig Verblühtes ausschneiden, damit sich neue Blüten bilden. **Besonderheiten:** schöne „Sonnenblumenblüten" im Miniformat; Hängepflanze, schön in Ampeln oder als Begleitpflanze für gemischte Beet- und Kastenpflanzungen.

Blaue Fächerblume

Scaevola saligna

Blüte: blau, purpurblau von Mai bis Oktober. **Wuchs:** 30 bis 50 cm hoch und ebenso breit, aufrecht buschig bis leicht überhängend. **Licht:** sonnig bis halbschattig. **Pflege:** reichlich düngen; regelmäßig gießen, Staunässe vermeiden; Pflanze ist selbstreinigend, geringer Pflegeaufwand; frühzeitiges Entspitzen der Triebe bewirkt einen kompakteren Wuchs. **Überwinterung:** hell, bei mindestens 5 bis 7 °C. **Besonderheiten:** dekorative Ampelbepflanzung; wetterfest, beliebte Begleitpflanze für gemischte Kästen, mit fast allen Balkonpflanzen gut kombinierbar.

Kissen-Phlox, Polster-Phlox, *Phlox subulata* blüht rosa von April bis Mai. **Licht:** sonnig. **Pflege:** mittlerer Nährstoffbedarf; sehr wenig, aber regelmäßig gießen; Polster jährlich in Form schneiden; wächst schnell. **Überwinterung:** kann das ganze Jahr im Freien bleiben, völlig winterhart.

Aztekengold *Sanvitalia speciosa* blüht gelb mit grünlicher Mitte von Mai bis Oktober. **Licht:** sonnig. **Pflege:** nährstoffreiche Blumenerde; regelmäßig gießen, dabei Staunässe vermeiden; selbstreinigend (Verblühtes fällt von alleine ab); auch als Ampelpflanze oder für Hanging Baskets geeignet.

Klassiker

Schneeflockenblume
Sutera diffusa

Blüte: weiß, rosa, fliederfarben von Mai bis Oktober. **Wuchs:** 10 bis 25 cm hoch und 40 bis 60 cm breit, flach niederliegend bis hängend. **Licht:** halbschattig. **Pflege:** mittlerer bis hoher Nährstoffbedarf; regelmäßig gießen, Ballentrockenheit und Staunässe vermeiden; selbstreinigend (Verblühtes muss nicht ausgeputzt werden); hohe Temperaturen führen vor allem bei weiß blühenden Sorten zu Blühpausen. **Besonderheiten:** Begleitpflanze; für Lücken- und Unterpflanzungen, schöne Ampelpflanze; im Handel auch unter dem Namen *Bacopa* angeboten.

Kleine Studentenblume
Tagetes patula (Bild: 'Nana')

Blüte: gelb, orange bis rotbraun oder zweifarbig, einfach, von April bis September. **Wuchs:** 15 bis 50 cm hoch und 15 bis 30 cm breit, aufrecht buschig, kompakt wachsend. **Licht:** sonnig. **Pflege:** mittlerer bis hoher Nährstoffbedarf; regelmäßig gießen; frühzeitiges Entspitzen der Haupttriebe; regelmäßig ausputzen; Aussaat im März/April im Haus (Jungpflanzen ab Mitte Mai nach draußen), auch Direktsaat ab Mai möglich (spätere Blüte). **Besonderheiten:** als Leit- oder Begleitpflanze in Kästen und Kübeln verwendbar; Sorten mit und ohne Duft.

Blütenfülle von Juni bis September

Bauernorchidee *Torenia fournieri* blüht fliederblau, purpurviolett, rot, rosa, weiß, auch zweifarbig von Juni bis August/September. **Licht:** halbschattig, geschützt. **Pflege:** hoher Nährstoffbedarf; regelmäßig bis häufig gießen (gleichmäßige Bodenfeuchte); frühes Entspitzen für buschigen Wuchs; regelmäßig ausputzen.

Kapuzinerkresse *Tropaeolum majus* bildet gelbe, orange oder rote essbare Blüten von Juni bis September; wächst schnell, klettert; ist zur Begrünung von Spalieren und als Ampelpflanze geeignet. **Licht:** sonnig bis halbschattig. **Pflege:** ausgewogen düngen, regelmäßig bis häufig gießen; lässt sich leicht durch Aussaat heranziehen.

Verbene, Eisenkraut

Verbena-Cultivars

Blüte: Farbvariationen in Rosa, Rot, Violett und Weiß, auch zweifarbig, von Mai bis Oktober. **Wuchs:** 20 bis 40 cm hoch und 30 bis 40 cm breit, niederliegend bis kriechend oder überhängend. **Licht:** sonnig. **Pflege:** hoher Nährstoffbedarf; gleichmäßig feucht halten, aber Staunässe vermeiden; regelmäßig Verblühtes ausputzen verlängert die Blütezeit. **Besonderheiten:** Begleitpflanze; als Hänger für dekorative Ampeln sowie für Lücken- und Unterpflanzungen geeignet; auffallende Blüten, die jeweils zu mehreren nebeneinander stehen.

Garten-Stiefmütterchen

Viola x *wittrockiana*-Hybriden

Blüte: Farbvariationen in Blau, Gelb, Orange, Rosa, Rot, Violett, Weiß, auch mehrfarbig, von Februar bis Juni. **Wuchs:** 20 bis 25 cm hoch und ebenso breit, kompakt buschig, horstbildend. **Licht:** sonnig bis halbschattig. **Pflege:** unkompliziert; mittlerer Nährstoffbedarf; regelmäßig gießen; Verblühtes ausputzen; Aussaat im Juni/Juli, im September an endgültigen Platz setzen; im Winter mit Fichtenreisig abdecken. **Besonderheiten:** Frühblüher; wunderschöne, ausdrucksstarke Blüten; in Balkonkästen als Leit- und Beipflanze verwendbar.

Wedelie, Goldstern-Wedelie *Wedelia trilobata* blüht sattgelb von Juni bis September; wächst flach bis kriechend (für Unterpflanzungen geeignet). **Licht:** sonnig. **Pflege:** hoher Nährstoffbedarf; regelmäßig gießen; pflegeleicht; regelmäßiges Ausputzen von Verblühtem verlängert die Blütezeit.

Nachtphlox, Sternbalsam *Zaluzianskya capensis* blüht weiß bis hellrosa von Juni bis September, duftet; wächst aufrecht buschig. **Licht:** sonnig. **Pflege:** nährstoffreiche Blumenerde; regelmäßig gießen; starker Rückschnitt nach der Blüte erforderlich, sonst sparriger Wuchs und schwache Nachblüte.

Strukturpflanzen

Gnaphalium, Ruhrkraut

Helichrysum petiolare (Bild: 'Rondello')

Blüte: unscheinbar, weiß von August bis September. **Blätter:** silbergrau oder gelbgrün. **Wuchs:** 30 bis 50 cm hoch und 60 bis 90 cm breit, ausladend bis niederliegend oder hängend. **Licht:** sonnig bis halbschattig. **Pflege:** mittlerer Nährstoffbedarf; regelmäßig gießen, Staunässe wird nicht vertragen; im Frühjahr Sprossspitzen entfernen und überlange Triebe zurückschneiden. **Überwinterung:** hell, bei mindestens 3 °C. **Besonderheiten:** Blattschmuckpflanze für Balkonkästen, dekorative Ampelpflanze; für Lücken- und Unterpflanzungen.

Weihrauch, Harfenstrauch

Plectranthus forsteri

Blüte: hellrosa bis malvenfarbig, ganzjährig in Abständen. **Blatt:** grün oder weißgrün panaschiert. **Wuchs:** 20 bis 30 cm hoch und bis 50 cm und mehr breit, niederliegend bis hängend. **Licht:** sonnig bis halbschattig. **Pflege:** mittlerer Nährstoffbedarf; regelmäßig gießen; Entspitzen langer Triebe fördert kompakten Wuchs, eventuell müssen zu lange Triebe immer wieder einmal gekappt werden. **Überwinterung:** frostfrei, hell. **Besonderheiten:** stark duftende Blattschmuck-Balkonpflanze; dekorative Ampelpflanze; für Lücken- und Unterpflanzungen.

Grün lockert auf

Silberraute *Artemisia schmidtiana* blüht weiß im Sommer, wird aber eher wegen ihres fein zerschlissenen silbrig-weißen Laubs angepflanzt. **Licht:** sonnig, bei zu dunklem Stand droht Geilwuchs. **Pflege:** wenig düngen und nur sparsam gießen. **Überwinterung:** geschützt im Freien, winterhart.

Gewöhnlicher Buchsbaum *Buxus sempervirens* var. *arborescens* hat dunkelgrüne, kleine Blätter, blüht unscheinbar im April/Mai. **Licht:** sonnig bis schattig. **Pflege:** mittlerer Nährstoffbedarf; regelmäßig gießen; ideal für Formschnitte. **Überwinterung:** geschützt im Freien; regelmäßig an frostfreien Tagen gießen.

Silberblatt, Greiskraut

Senecio cineraria

Blüte: schmucklos, mattgelb bis dunkelgelb von Juli bis August (erst im zweiten Jahr). **Blatt:** silbergrau bis silberblau. **Wuchs:** 25 bis 60 cm hoch, 20 bis 50 cm breit, aufrecht buschig. **Licht:** sonnig. **Pflege:** mittlerer bis hoher Nährstoffbedarf; regelmäßig gießen (nicht zu nass); wenn man die Triebe frühzeitig entspitzt, entwickelt die Pflanze einen buschigen Wuchs. **Überwinterung:** an hellem, kühlem Standort im Haus, bei mindestens 5 °C. **Besonderheiten:** wird meist einjährig kultiviert; für Kombinationen mit blühenden Pflanzen (gelb, rot, blau) geeignet.

Buntnessel, Coleus

Solenostemon scutellarioides

Blüte: hellviolett oder weiß, nahezu ganzjährig. **Blatt:** vielfarbig. **Wuchs:** 30 bis 60 cm hoch und ebenso breit, aufrecht buschig. **Licht:** sonnig bis halbschattig. **Pflege:** reichlich düngen; regelmäßig bis häufig gießen; frühzeitiges Entspitzen der Haupttriebe für buschigen Wuchs; bei zu dunklem Stand verblasst die Blattzeichnung. **Überwinterung:** hell, bei mindestens 16 °C. **Besonderheiten:** wunderschöne Blattschmuckpflanze in vielen Farbkombinationen; als Zimmer- und Begleitpflanze; wird immer beliebter für gemischte Beet- und Kastenpflanzungen.

Gundermann *Glechoma hederacea* hat saftiggrüne Blätter und blüht blauviolett von März bis April. **Licht:** sonnig bis halbschattig. **Pflege:** mittlerer Nährstoffbedarf; regelmäßig bis häufig gießen; braucht Platz, rasche Ausbreitung; lange Triebe können in Form geschnitten werden.

Gewöhnlicher Efeu *Hedera helix* ist immergrün, hat glänzend dunkelgrüne Blätter; Blüte in Grüngelb (erst nach 8 bis 10 Jahren im September/Oktober), schwarze giftige Beerenfrüchte. **Licht:** lichtschattig bis schattig. **Pflege:** mittlerer Nährstoffbedarf; regelmäßig gießen. **Überwinterung:** an frostfreien Tagen gießen.

Zwiebelpflanzen

Frühlings-Krokus

Crocus-Vernus-Hybriden

Blüte: weiß, gelb, violettblau bis violett, häufig auch gestreift, von März bis April. **Wuchs:** 10 bis 15 cm hoch und bis 5 cm breit, locker horstbildend. **Licht:** sonnig bis halbschattig. **Pflege:** geringer Nährstoffbedarf; wenig bis regelmäßig gießen; erst wenn die Blätter gelb geworden sind, dürfen sie geschnitten werden; Zwiebeln im Sommer in trockenem Substrat aufbewahren, im Herbst 7 bis 15 cm tief pflanzen. **Besonderheiten:** schöner Frühlingsblüher; lockt Bienen und Schmetterlinge an; aus *Crocus vernus* ssp. *vernus* sind die großblumigen Garten-Krokusse entstanden.

Hyazinthe

Hyacinthus-Orientalis-Hybriden

Blüte: sortenabhängig in weißen, gelben, rosafarbenen, roten oder blauen Farbtönen von April bis Mai. **Wuchs:** 20 bis 30 cm hoch und bis 10 cm breit, schmal aufrecht. **Licht:** sonnig bis halbschattig. **Pflege:** geringer Nährstoffbedarf; wenig bis regelmäßig gießen, vor zu viel Nässe schützen. **Überwinterung:** mäßig frosthart – geschützter Standort empfehlenswert bzw. vor strengem Frost und Nässe durch Reisig schützen; im Winter können die Zwiebeln zur Blüte vorgetrieben werden. **Besonderheiten:** auffällige Blüten mit intensivem Duft; im Kasten in Gruppen setzen.

Jetzt kommt der Frühling

Schneeglöckchen *Galanthus nivalis* blüht weiß, Sorten auch mit Grün, von Januar bis März. **Licht:** halbschattig. **Pflege:** nährstoffreiche Blumenerde; regelmäßig gießen; Pflanzen ungestört wachsen lassen, sonst ist im Folgejahr nicht mit einer Blüte zu rechnen. **Überwinterung:** voll winterhart.

Spanischer Glocken-Blaustern *Hyacinthoides hispanica* blüht blau, weiß, rosa von (April) bis Mai. **Licht:** sonnig. **Pflege:** hoher Nährstoffbedarf; regelmäßig gießen; Zwiebeln so schnell wie möglich pflanzen, weil sie leicht austrocknen; mehrere Jahre ungestört wachsen lassen. **Überwinterung:** voll winterhart.

Narzisse

Narcissus-Hybriden

Blüte: sortenabhängig in der gesamten Farbpalette von Weiß über Gelb bis Rot, auch mehrfarbig, von März bis Mai. **Wuchs:** sortenabhängig bis 50 cm hoch und bis 70 cm breit, aufrecht. **Licht:** sonnig. **Pflege:** pflegeleicht; mittlerer Nährstoffbedarf; wenig bis regelmäßig gießen; Verblühtes regelmäßig entfernen; das Laub stehen lassen, bis die Pflanze eingezogen ist; 5 bis 10 cm tief pflanzen. **Besonderheiten:** tolle Blüten in verschiedenen Formen; auch als Schnittblume zu verwenden; Unterteilung in viele verschiedene Gruppen.

Tulpen

Tulipa-Hybriden

Blüte: Farbvariationen in fast allen Farben, einfarbig und mehrfarbig, von Mai bis Juni. **Wuchs:** 30 bis 60 cm und 10 bis 20 cm breit, schmal aufrecht. **Licht:** sonnig, manche Arten vertragen auch Halbschatten. **Pflege:** mittlerer Nährstoffbedarf, Langzeitdünger einbringen; wenig bis regelmäßig gießen, unbedingt Staunässe vermeiden; Abgeblühtes entfernen, aber Laub stehen lassen, bis die Pflanze eingezogen ist; 10 bis 15 cm tief pflanzen. **Besonderheiten:** dekorative, große Blüten; Schnittblume; lockt Bienen und Schmetterlinge an; in Gruppen pflanzen.

Armenische Traubenhyazinthe *Muscari armeniacum* blüht blau mit dünnem, hellem Rand von März bis April, es gibt auch weiß blühende Sorten; wird 20 bis 25 cm hoch. **Licht:** sonnig. **Pflege:** mittlerer Nährstoffbedarf; wenig bis regelmäßig gießen; pflegeleicht. **Überwinterung:** voll winterhart.

EXTRA-TIPP

Frühjahrspflanzung: Während Tulpen in voller Blüte stehen, ist Pflanzzeit für im Sommer blühende Zwiebelblumen, wie Sonnenglanz (*Leucocoryne*-Sorten), Guernsey-Lilie (*Nerine bowdenii*), Jacobslilie (*Sprekelia formosissima*) oder Tulbaghie (*Tulbaghia violaceae*). Bester Pflanzzeitpunkt ist Ende März bis Mitte April.

Sukkulenten

Rosetten-Dickblatt

Aeonium arboreum 'Atropurpureum'

Blüte: selten, große gelbe Blütenstände, von Januar bis Februar. **Blatt:** dunkelrot, glänzend; in Rosetten am Triebende angeordnet. **Wuchs:** bis 90 cm hoch und im Alter genauso breit; Triebe glatt und wenig verzweigt, baumartig. **Licht:** sonnig. **Pflege:** geringer bis mittlerer Nährstoffbedarf; sehr vorsichtig gießen, da sich bei Staunässe schnell Fäulnis an den Wurzeln bildet, bei Bedarf deshalb in durchlässige Erde umtopfen; regengeschützt halten. **Überwinterung:** heller, warmer und trockener Standort, bei 10 bis 14 °C, sonst fäulnisgefährdet.

Echeverie

Echeveria (Arten und Sorten)

Blüte: orangegelb oder orangerot im Sommer. **Blatt:** dickfleischig, silbergrau oder grün, oft mit rötlichem Rand, in Rosetten angeordnet. **Wuchs:** 10 bis 15 cm hoch und bis 30 cm breit. **Licht:** sonnig. **Pflege:** geringer Nährstoffbedarf; sehr vorsichtig gießen, nässeempfindlich; daher am besten in Kakteenerde pflanzen. **Überwinterung:** frostempfindlich, Pflanze muss daher im Herbst rechtzeitig eingeräumt werden und darf im Frühjahr erst nach den Eisheiligen ins Freie; benötigt im Winter hellen und kühlen (5 bis 15 °C) Platz im Zimmer; wenig oder gar nicht gießen.

Dickfleischig ist „in“

Aloe Vera *Aloe vera* hat auffallende Blätter, bildet Rosetten und wird 50 bis 70 cm hoch; blüht gelb von Juli bis August. **Licht:** vollsonnig. **Pflege:** mittlerer Nährstoffbedarf; wenig bis regelmäßig gießen. **Überwinterung:** frostfrei – vor dem ersten Frost ins helle Winterquartier schaffen (5 bis 10 °C).

Rutenkaktus *Rhipsalis* blüht gelblich, grünweiß, weiß oder purpurfarben von April bis Juli; strauchförmig; Triebe verzweigt, dünn. **Licht:** halbschattig bis schattig. **Pflege:** mitterer Nährstoffbedarf; wenig bis regelmäßig gießen; feuchtwarmer Platz. **Überwinterung:** hell, wintersonnig, mäßig feucht; bei Zimmertemperatur.

Scharfer Mauerpfeffer, Scharfe Fetthenne *Sedum acre*

Blüte: leuchtend gelb von Juni bis Juli. **Blatt:** blassgrün. **Wuchs:** 3 bis 5 cm hoch und 40 bis 60 cm in die Breite wachsend, polsterbildend, kriechend, schnell wachsend. **Licht:** vollsonnig. **Pflege:** sehr geringer Nährstoffgehalt; sehr wenig bis wenig gießen; in durchlässige Erde pflanzen, am besten mit Sand mischen. **Besonderheiten:** wächst auch in Terrassenfugen; Dauerbepflanzung für pflegeleichte Tröge und Schalen; am besten mit anderen *Sedum*-Arten kombinieren; Achtung: Pflanzensaft kann Hautreizungen hervorrufen.

Hauswurz *Sempervivum tectorum*

Blüte: purpurrot von Juni bis August. **Blatt:** bläulich bis rötlich grün. **Wuchs:** kompakt, kissenförmig; 10 bis 15 cm hoch, 30 bis 50 cm breit; bildet Rosetten. **Licht:** sonnig. **Pflege:** sehr geringer Nährstoffbedarf; sehr wenig bis wenig gießen; Pflanzabstand von ca. 20 cm einhalten; leicht zu teilen, auch Aussaat möglich. **Überwinterung:** voll winterhart. **Besonderheiten:** viele weitere Hauswurz-Arten, z. B. Spinnweben-Hauswurz (*S. arachnoideum*) – rosarote Blüten, grüne bis rotbraune Blätter; Kugel-Steinrose (*S. cilisosum*) – gelbe Blüten, graugrüne Blätter.

Porzellanblümchen *Saxifraga umbrosa* bildet dekorative Blattrosetten, blüht weiß bis weißlich rosa von Juni bis August. **Licht:** halbschattig. **Pflege:** mittlerer Nährstoffbedarf; regelmäßig gießen; Bodentrockenheit vermeiden, sonst werden die Blätter schwarz. **Überwinterung:** an frostfreien Tagen gießen.

Reichblühendes Fettblatt *Sedum floriferum* wächst niederliegend bis aufrecht, 10 bis 20 cm hoch und bildet Horste; blüht leuchtend gelb von Juni bis Juli. **Licht:** sonnig. **Pflege:** nährstoffarme, durchlässige Blumenerde; sehr wenig gießen; Achtung: Pflanzensaft reizt die Haut. **Überwinterung:** voll winterhart.

Kübelpflanzen

Schönmalve

Abutilon x *hybridum* (Bild: *A. pictum*)

Blüte: gelb, orange, rosa, rot, weiß von Mai bis September. **Wuchs:** 1,5 bis 4 m hoch und 1,2 bis 2 m breit, aufrecht buschig. **Licht:** sonnig. **Pflege:** mittlerer Nährstoffbedarf; regelmäßig gießen, Ballentrockenheit vermeiden; regelmäßig verwelkte Blüten entfernen, regengeschützt platzieren; Schnittmaßnahmen nur im zeitigen Frühjahr durchführen (kräftig zurückschneiden, um sparrigen Wuchs zu verhindern); auf Spinnmilben achten. **Überwinterung:** bei 10 °C an einem hellen Standort. **Besonderheiten:** schön in Einzelstellung.

Schmucklilie

Agapanthus-Hybriden

Blüte: blass- bis dunkelblau, auch weiß blühende Formen, trompetenförmig, von Juni bis August. **Wuchs:** 60 bis 120 cm hoch und bis 50 cm breit, aufrecht, horstbildend. **Licht:** sonnig. **Pflege:** pflegeleicht; normaler Nährstoffbedarf; regelmäßig gießen; blüht erst richtig üppig, wenn der Topf zu eng wird, daher nur selten umtopfen. **Überwinterung:** bei mindestens 3 °C, Pflanze zieht im Winter völlig ein, kann daher auch dunkel stehen, ab März wieder hell stellen. **Besonderheiten:** schön in Einzelstellung; auffällige Blütendolden.

In Töpfen und Kübeln gern gesehen

Brasilianische Guave *Acca sellowiana* blüht auffällig weiß, leicht purpur von Mai bis Juli. **Licht:** sonnig. **Pflege:** mittlerer Nährstoffbedarf; regelmäßig gießen; häufig stutzen und bei Bedarf auslichten, jährlicher Rückschnitt wird gut vertragen; sehr widerstandsfähig gegenüber Schädlingen. **Überwinterung:** hell, bei 5 bis 10 °C.

Schlafender Seidenbaum *Albizia julibrissin* blüht hellrosa von Juni bis September. **Licht:** sonnig. **Pflege:** mittlerer Nährstoffbedarf; regelmäßig gießen, Staunässe vermeiden, Ballentrockenheit führt zum Abwerfen der Fiederblättchen; quer wachsende Triebe im Frühjahr in Form schneiden. **Überwinterung:** hell, bei 10 °C.

Strauchmargerite (Bild: 'Summer Drops')

Argyranthemum frutescens

Blüte: gelb, weiß, rosa, strahlenförmig von Mai bis Oktober. **Wuchs:** 30 bis 70 cm hoch und 30 bis 70 cm breit, aufrecht buschig bis halbrund. **Licht:** sonnig. **Pflege:** reichlich düngen; regelmäßig bis häufig gießen; verträgt auch Wind, regelmäßig verwelkte Blüten entfernen; mehrmals entspitzen für kompakten und buschigen Wuchs; unerwünschte Triebe im Spätwinter herausschneiden. **Überwinterung:** bei mindestens 3 °C an einem hellem Standort, nur mäßig gießen. **Besonderheiten:** lange Blütezeit; auch als Hochstämmchen schön.

Bougainvillee

Bougainvillea glabra

Blüte: weiß, magentarot, purpurviolett, gelb, sehr auffällig von Juli bis September; Farbwirkung durch Hochblätter (Brakteen), die die kleinen, cremefarbenen Blüten umgeben. **Wuchs:** 1,5 bis 3 m hoch und 1,5 bis 2 m breit, klimmend. **Licht:** sonnig. **Pflege:** im Frühsommer reichlich düngen (nur bis August); hoher Wasserbedarf während der Blüte; lange Triebe zurückschneiden, um die Bildung kurzer Seitentriebe zu fördern. **Überwinterung:** bei 3 bis 10 °C an einem hellem Standort, trocken halten. **Besonderheiten:** schön als Hochstämmchen, auffallende Blüten.

Aukube *Aucuba japonica* blüht purpurrot, unauffällig von März bis Mai. **Licht:** halbschattig, hell. **Pflege:** gute Blumenerde; wenig bis regelmäßig gießen; nur bis Ende August düngen; quer wachsende Äste im Spätwinter herausschneiden. **Überwinterung:** geschützter Standort oder hell, bei 5 °C.

Kamelie *Camellia japonica* blüht rot bis rosarot, weiß, gesprenkelt, gepunktet von März bis April. **Licht:** halbschattig. **Pflege:** mittlerer Nährstoffbedarf; gleichmäßig feucht halten, enthärtetes Gießwasser verwenden; Schnitt im Frühjahr oder nur abgeblühte Triebspitzen entfernen. **Überwinterung:** hell, bei 10 °C.

Kübelpflanzen

Engelstrompete, Stechapfel

Brugmansia suaveolens

Blüte: weiß, gelb, rosa, lila, trompetenförmig von Juni bis September; duften in der Dämmerung, periodisch blühend. **Wuchs:** 1,5 bis 4 m hoch und 1 bis 2,5 m breit, aufrecht strauchförmig. **Licht:** sonnig. **Pflege:** hoher Nährstoff- und Wasserbedarf; braucht großen Topf wegen des hohen Wasserbedarfs und damit die Pflanzen sicher stehen; vor der Überwinterung auf die Hälfte bis zwei Drittel zurückschneiden. **Überwinterung:** hell, bei mindestens 5 bis 7 °C. **Besonderheiten:** Einzelstellung, braucht viel Platz; wunderschöne Blüten; eindrucksvoller Wuchs; giftig

Zylinderputzer, Schönfaden

Callistemon citrinus

Blüte: leuchtend rot, flaschenbürstenartig von Mai bis Juli. **Wuchs:** 1,2 m bis 3 m hoch und 1 bis 2 m breit, aufrecht strauchförmig. **Licht:** sonnig. **Pflege:** ausgewogen bis reichlich düngen während der Wachstumszeit, zum Herbst hin weniger; wenig bis regelmäßig gießen, nicht austrocknen lassen, Staunässe vermeiden; Schnitt im Frühjahr oder nach der Blüte auf das Wegschneiden abgeblühter Spitzen beschränken. **Überwinterung:** hell, bei mindestens 5 °C, nicht austrocknen lassen. **Besonderheiten:** Einzelstellung, zauberhafte Blüten.

Jetzt wird's exotisch

Hammerstrauch *Cestrum elegans* blüht karmin- bis purpurrot von Juli bis September. **Licht:** sonnig bis halbschattig. **Pflege:** in der Hauptwachstumszeit hoher Nährstoffbedarf; regelmäßig gießen; vor dem Überwintern zurückschneiden, verblühte Blütenstände entfernen. **Überwinterung:** hell, bei 5 bis 7 °C.

Orangenblume *Choisya ternata* blüht weiß von Februar bis Juni. **Licht:** halbsonnig (Schutz vor direkter Mittagssonne). **Pflege:** in der Hauptwachstumszeit hoher Düngebedarf; regelmäßig gießen, empfindlich gegenüber kalkreichem Gießwasser; gut schnittverträglich. **Überwinterung:** hell, bei mindestens 3 °C.

Zitrone
Citrus limon

Blüte: weiß, ganzjährig, Früchte und Blüten teilweise gleichzeitig auf einer Pflanze; intensiv duftend. **Wuchs:** 2 bis 7 m hoch und 1 bis 2,5 m breit, strauchförmig bis ausladend, stachelig und dicht verzweigt. **Licht:** sonnig bis halbschattig. **Pflege:** mittlerer bis hoher Nährstoffbedarf; regelmäßig gießen, empfindlich gegenüber kalkhaltigem Gießwasser; Zitrus-Erde verwenden; Rückschnitt im Winter oder zeitigen Frühjahr; im Frühjahr in Form schneiden. **Überwinterung:** hell, bei mindestens 5 bis 7 °C, trocken. **Besonderheiten:** Einzelstellung; Wintergarten.

Saure Limette
Citrus aurantiifolia

Blüte: weiß von Mai bis Juli; intensiv duftend. **Wuchs:** 2 bis 8 m hoch und 1,5 bis 4 m breit, strauchartig, locker baumförmig. **Licht:** sonnig bis halbschattig. **Pflege:** mittlerer bis hoher Nährstoffbedarf; regelmäßig gießen, empfindlich gegenüber kalkhaltigem Wasser; Zitrus-Erde und -Dünger verwenden; schiefe, quer wachsende oder unerwünschte Äste sind im Spätwinter herauszuschneiden. **Überwinterung:** hell, bei mindestens 5 bis 7 °C, trocken halten. **Besonderheiten:** auch für den Wintergarten geeignet; die kleinen grünschaligen Früchte schmecken sehr sauer.

Korallenstrauch *Erythrina crista-galli* blüht leuchtend rot von Juli bis September. **Licht:** sonnig. **Pflege:** mittlerer Nährstoffbedarf; regelmäßig gießen; Staunässe vermeiden; alte Blütentriebe im Herbst oder Frühjahr herausschneiden. **Überwinterung:** trocken halten, bei 5 °C, dunkle Überwinterung möglich.

Echter Feigenbaum *Ficus carica* hat dekorative Blätter. **Licht:** sonnig. **Pflege:** mittlerer Nährstoffbedarf und hoher Wasserbedarf im Sommer; ab August nicht mehr düngen; für guten Aufbau mehrfach stutzen. **Überwinterung:** nach Laubabwurf dunkel, 0 bis 10 °C; in milden Regionen an einem geschützten Standort im Freien.

Kübelpflanzen

Indisches Blumenrohr

Canna-Indica-Hybriden (Bild: 'Pony')

Blüte: gelb, zartorange, leuchtend rot, dunkelrot von August bis Oktober. **Wuchs:** 1,2 bis 1,5 m hoch und 50 bis 70 cm breit, aufrecht, horstbildend, schnell wachsend. **Licht:** sonnig. **Pflege:** mittlerer bis hoher Nährstoffbedarf; regelmäßig bis häufig gießen; Verblühtes entfernen, um die Blühdauer zu verlängern; vor dem ersten Frost 15 cm über dem Boden abschneiden, Rhizome ausgraben und überwintern. **Überwinterung:** ausgegrabene Rhizome bei 15 °C mit anhaftender Erde überwintern. **Besonderheiten:** exotisches Flair, Einzelpflanzung.

Chinesischer Roseneibisch

Hibiscus Rosa-Sinensis-Hybriden

Blüte: gelb, pink, karminrot, orange, weiß, erscheinen das ganze Jahr (bei ausreichend Licht und Temperaturen von mindestens 15 °C). **Wuchs:** 1 bis 5 m hoch und 1,5 bis 3 m breit, rundlich strauchförmig bis ausladend. **Licht:** sonnig, geschützt. **Pflege:** mittlerer Nährstoffbedarf; regelmäßig und viel gießen (Knospenabwurf bei Trockenheit); leichte Rückschnitte – quer wachsende Triebe im zeitigen Frühjahr in Form schneiden. **Überwinterung:** bei mindestens 10 bis 13 °C an einem hellen Standort. **Besonderheiten:** auch gefüllt blühende Sorten erhältlich.

Weitere attraktive Kübelpflanzen

Echter Lorbeer *Laurus nobilis* blüht gelbgrün, zweihäusig von April bis Mai, Blattschmuckpflanze. **Licht:** sonnig. **Pflege:** bis August ausgewogen bis reichlich düngen, Wurzelballen nie austrocknen lassen; gut schnittverträglich, auch für Formschnitt. **Überwinterung:** hell, bei mindestens 3 °C.

Südseemyrte *Leptospermum scoparium* blüht weiß bis rosa von April bis Juli. **Licht:** sonnig. **Pflege:** hoher Nährstoffbedarf, regelmäßig bis häufig gießen (konstant hohe Bodenfeuchte erforderlich); verträgt kräftigen Rückschnitt nach der Blüte. **Überwinterung:** bei 5 bis 10 °C hell und nicht zu feucht.

Funkie

Hosta in Sorten (Bild: 'Wide Brim')

Blüte: violett, weiß von Juli bis August. **Blatt:** blass- bis dunkelgrün, blaugrau, gelb oder weiß gemustert, viele Variationen. **Wuchs:** 50 bis 80 cm hoch und 60 bis 100 cm breit, rundlich buschig bis überhängend, horstbildend; sehr wüchsig. **Licht:** halbschattig. **Pflege:** mittlerer bis hoher Nährstoffbedarf; gleichmäßig gießen; auf Schnecken achten. **Besonderheiten:** beliebte Blattschmuckpflanze in vielen Arten und Sorten; lockt Bienen und Schmetterlinge an; später Austrieb; japanisches Flair; Solitärstellung oder in Gruppen.

Bauern-Hortensie, Ball-Hortensie

Hydrangea macrophylla

Blüte: je nach Sorte blau, rot, rosa, weiß in Schirmrispen von Juli bis September. **Wuchs:** 60 bis 150 cm hoch und 1 bis 2 m breit, dicht buschig, breit kugelig oder trichterförmig. **Licht:** sonnig bis halbschattig. **Pflege:** mittlerer Nährstoffbedarf; regelmäßig bis häufig gießen; Pflanzung und Düngung mit Rhododendron-Erde und -Dünger ist ratsam, Blütenfarbe ist vom pH-Wert des Bodens abhängig; vorjährige Blütenstände im zeitigen Frühjahr zurückschneiden. **Besonderheiten:** auffällige Blütenstände; ballförmig und schirmförmig blühende Sorten.

Japanische Faser-Banane *Musa basjoo* blüht rötlich gelb von Juli bis August, hat sehr lange Blätter. **Licht:** sonnig. **Pflege:** mittlerer bis hoher Nährstoffbedarf; regelmäßig bis häufig düngen und gießen. **Überwinterung:** hell, bei mindestens 5 °C; in milden Regionen mit Winterschutz im Freiland.

Echte Olive *Olea europaea* hat schmale, graugrüne Blätter und blüht gelblich weiß im Mai. **Licht:** sonnig. **Pflege:** mittlerer Nährstoffbedarf; regelmäßig bis häufig gießen; quer wachsende Äste im zeitigen Frühjahr herausschneiden, gut schnittverträglich. **Überwinterung:** hell, bei 10 °C; nur leicht feucht halten.

Kübelpflanzen

Wandelröschen

Lantana camara (Bild: 'Professor Raoux')

Blüte: Farbvariationen in Weiß, Gelb, Lachsrot, Purpur, Rot von Mai bis Oktober; lange Blütezeit. **Wuchs:** 30 bis 100 cm hoch und breit, aufrecht buschig bis rundlich. **Licht:** sonnig. **Pflege:** reichlich düngen während der Hauptwachstumszeit; regelmäßig bis häufig gießen, Staunässe vermeiden; windgeschützter Platz; braucht großen Topf; Verblühtes regelmäßig entfernen; Rückschnitt vor dem Einräumen und Formschnitt im Frühjahr. **Überwinterung:** bei 5 bis 10 °C an einem hellen Standort, wenig gießen. **Besonderheiten:** auch schön als Hochstämmchen.

Enzianstrauch

Lycianthes rantonnetii (syn. *Solanum rantonnetii*)

Blüte: violettblau bis violett von Juni bis September. **Wuchs:** 1 bis 2 m hoch und genauso breit, aufrecht strauchförmig bis ausladend. **Licht:** sonnig, braucht aber dann Hitzeschattierung. **Pflege:** während der Hauptwachstumsperiode hoher Nährstoffbedarf (nur bis August düngen); regelmäßig bis häufig gießen; quer wachsende Triebe im zeitigen Frühjahr in Form schneiden, auch nach dem Austrieb kann zurückgestutzt werden. **Überwinterung:** hell, bei mindestens 5 bis 7 °C, nur wenig gießen. **Besonderheiten:** sehr schöne Blüten.

Noch mehr Exoten für den Kübel

Bleiwurz *Plumbago auriculata* blüht himmelblau, violettblau, weiß von Juni bis September. **Licht:** sonnig. **Pflege:** regelmäßig bis häufig gießen und düngen (nur bis August); Verblühtes regelmäßig entfernen, lange Triebe einkürzen; kräftiger Rückschnitt im Januar. **Überwinterung:** hell, fast trocken bei mindestens 3 °C.

Granatapfel *Punica granatum* blüht leuchtend rot, auch gelb und weiß von Juli bis September. **Licht:** sonnig. **Pflege:** mittlerer Nährstoffbedarf (nur bis Ende Juli düngen); gleichmäßig feucht halten; im zeitigen Frühjahr in Form schneiden. **Überwinterung:** bei mindestens 5 bis 10 °C, auch dunkler Platz möglich.

Oleander

Nerium oleander

Blüte: weiß bis scharlachrot, rosa, blassgelb, einfach und gefüllt, von Juli bis September. **Wuchs:** 2 bis 6 m hoch und bis 3 m breit, locker aufrecht bis ausladend. **Licht:** sonnig. **Pflege:** mittel bis hoher Nährstoffbedarf, im Sommer sehr viel gießen, am besten im Untersetzer immer Wasser stehen lassen; abgeblühte Blütenstände immer wieder entfernen; leicht über Stecklinge zu vermehren. **Überwinterung:** bei 5 bis 10 °C an einem hellen, gut gelüfteten Standort; wenig gießen. **Besonderheiten:** Blüten werden im Vorjahr an den Triebenden angelegt; alle Pflanzenteile sehr giftig.

Gewürzrinde, Kassie

Senna corymbosa (syn. *Cassia corymbosa*)

Blüte: goldgelb von Mai bis September. **Wuchs:** 1,5 bis 4 m hoch und 1,5 bis 3 m breit, breit strauchförmig bis ausladend. **Licht:** sonnig. **Pflege:** in der Wachstumszeit mittel bis reichlich düngen; im Sommer viel gießen; nie austrocknen lassen, weil sonst die Blüten abgeworfen werden; schiefe oder quer wachsende und unerwünschte Äste im Spätwinter herausschneiden. **Überwinterung:** bei 5 bis 10 °C an einem hellen Standort, nur mäßig gießen. **Besonderheiten:** lange Blütezeit; ganzjährige Blüte im warmen Wintergarten (regelmäßig Verblühtes entfernen).

Veilchenstrauch, Prinzessinenstrauch *Tibouchina urvilleana* blüht violett bis purpurviolett von Juli bis September. **Licht:** sonnig. **Pflege:** hoher Nährstoffbedarf; regelmäßig gießen; im zeitigen Frühjahr in Form schneiden, abgeblühte Triebspitzen entfernen. **Überwinterung:** hell, bei 10 °C.

Hanfpalme *Trachycarpus fortunei* hat große Fächerblätter. **Licht:** sonnig bis halbschattig. **Pflege:** reichlich düngen; regelmäßig bis häufig gießen; trockene Blätter vorsichtig entfernen. **Überwinterung:** in milden Regionen mit speziellem Winterschutz auch im Freien, ansonsten hell und frostfrei.

Kletterpflanzen

Clematis, Waldrebe

Clematis-Hybriden (Bild: 'Capitaine Thuilleaux')

Blüte: in fast allen Farben; einfach oder gefüllt, von Juni bis September. **Wuchs:** 2 bis 5 m hoch und 2 bis 3 m breit, aufrecht rankend. **Licht:** sonnig bis halbschattig, Wurzelbereich kühl und schattig. **Pflege:** mittlerer bis hoher Nährstoffbedarf; verträgt keine Trockenheit; frühjahrsblühende Wildarten und Sorten nicht schneiden; leichter Rückschnitt nach der ersten Blüte bei zweimal blühenden, kräftiger Rückschnitt im Frühjahr bei sommerblühenden Sorten. **Überwinterung:** Winterschutz durch Laub und Reisig. **Besonderheiten:** schön an Pergolen und Spalieren.

Staudenwicke

Lathyrus latifolius

Blüte: purpurrosa von Juni bis August. **Wuchs:** 1,5 bis 3 m hoch und breit, breit buschig mit Blattranken kletternd. **Licht:** sonnig bis halbschattig. **Pflege:** pflegeleicht; mittlerer bis hoher Nährstoffbedarf; regelmäßig gießen; im Frühjahr Haupttriebe entspitzen, um einen buschigeren Wuchs zu erzeugen. **Besonderheiten:** herrlicher Duft; eignet sich zur Begrünung von Zäunen, Pergolen, Hauswänden und Spalieren, auch als Schnittblume verwendbar, auffallende Blüten und Früchte (unbehaarte Hülsen, 5 bis 10 cm lang), paarig gefiederte Blätter; mehrjährig.

Es geht aufwärts

Trompetenblume *Campsis radicans* blüht orangerot bis gelb, trompetenförmig von Juli bis September. **Licht:** sonnig bis warm. **Pflege:** nährstoffreiche Blumenerde; verträgt Sommertrockenheit; im März Rückschnitt der Vorjahres-Langtriebe auf 10 cm. **Überwinterung:** im Freien an geschütztem Standort.

Himmelblaue Prunkwinde *Ipomoea tricolor* blüht leuchtend himmelblau bis purpurblau mit großer Blühkraft von Juli bis Oktober, wächst schnell und klettert. **Licht:** sonnig. **Pflege:** reichlich düngen; regelmäßig gießen; möglichst wind- und regengeschützt aufstellen, einjährig; giftig.

Passionsblume

Passiflora caerulea

Blüte: weiß bis purpurrosa von Juni bis September; großblütig. **Wuchs:** 3 bis 7 m hoch, Breite ist abhängig vom Klettergerüst, mit Ranken kletternd. **Licht:** sonnig. **Pflege:** pflegeleicht; mittlerer bis hoher Nährstoffbedarf; regelmäßig gießen (Staunässe vermeiden); lange, aus der Form geratene Ruten im zeitigen Frühjahr in Form schneiden. **Überwinterung:** bei 8 bis 10 °C an einem hellen Standort. **Besonderheiten:** schöner Ranker, auch für den Wintergarten; besonders großblütige, ungeheuer exotische Blüten und auffallende orangegelbe Früchte.

Schwarzäugige Susanne

Thunbergia alata

Blüte: orangegelb, auch weiß, mit dunkelbrauner Mitte von Juni bis Oktober. **Wuchs:** 1,2 bis 2 m hoch und bis 1 m breit, windend oder kletternd. **Licht:** sonnig bis halbschattig. **Pflege:** hoher Nährstoffbedarf; regelmäßig gießen; im Frühjahr überlange Triebe einkürzen; regelmäßig Verblühtes entfernen für längere Blütezeit. **Überwinterung:** wird bei uns einjährig gezogen. **Besonderheiten:** schöne Begrünung von Pergolen und Spalieren; Ergänzung von Blumenkästen; lockt Bienen und Schmetterlinge an; besonders schöne Blüten.

Chinesischer Sternjasmin *Trachelospermum jasminoides* blüht weiß von Frühjahr bis Sommer. **Licht:** sonnig bis halbschattig. **Pflege:** mittlerer Nährstoffbedarf; regelmäßig gießen; alle ein bis zwei Jahre im Frühjahr umtopfen; bei Bedarf stutzen und zurückschneiden. **Überwinterung:** hell und kühl, bei 6 bis 11 °C.

EXTRA-TIPP

Sichtschutz Ob Waldrebe oder Schwarzäugige Susanne, mit Spalieren aus Holz oder Metall können sie auf besondere Weise für Sichtschutz sorgen. Wichtig ist, dass Kletterpflanzen bereits beim Auspflanzen eine Kletterhilfe bekommen an der sie hochranken können. Es ist sinnvoll, die Triebe immer wieder festzubinden.

Kräuter

Schnittlauch

Allium schoenoprasum

Blüte: auffällig violett von Juni bis August. **Wuchs:** 20 bis 30 cm hoch, bis 5 cm breit, aufrecht, horstbildend. **Licht:** sonnig. **Pflege:** pflegeleicht; mittlerer bis hoher Nährstoffbedarf; regelmäßig bis häufig gießen; Blüte im zweiten Jahr, Schnittgut dann oft hart und faserig; problemlose Vermehrung durch Aussaat oder Teilung; Saatgut nur begrenzt haltbar (besser jedes Jahr neu kaufen). **Überwinterung:** an sich winterhart, Topf von außen und oben vor Frost schützen. **Besonderheiten:** Küchenkraut (frische Blätter von April bis Oktober); intensiv duftend.

Pfefferminze

Mentha x *piperita*

Blüte: rötlich violett von Juli bis September. **Wuchs:** 30 bis 60 cm hoch und bis 50 cm breit, unbegrenzt wuchernd, aufrecht. **Licht:** sonnig bis halbschattig. **Pflege:** mittlerer bis hoher Nährstoffbedarf; regelmäßig gießen (keine Staunässe); in regenreichen Sommern Gefahr von Minzrost (Pflanze knapp über dem Boden anbschneiden); laufende Ernte der jungen Blätter (Tee); Rückschnitt im Herbst. **Überwinterung:** an sich winterhart, Topf von außen und oben vor Frost schützen. **Besonderheiten:** große Arten- und Sortenvielfalt; starkes Aroma.

Weitere Duft- und Würzkräuter

Zitronenverbene, -strauch *Aloysia triphylla* duftet intensiv (Küchen- und Teekraut). **Licht:** sonnig. **Pflege:** mittlerer Nährstoffbedarf; wenig bis regelmäßig gießen; alle Triebe im Herbst oder zeitigen Frühjahr auf bis zu 30 cm zurückschneiden. **Überwinterung:** hell oder dunkel, bei 3 bis 5 °C, kaum gießen.

Estragon *Artemisia dracunculus* duftet intensiv (Küchenkraut), blüht weißlich von Juli bis August. **Licht:** sonnig. **Pflege:** nährstoffreiche Blumenerde; wenig bis regelmäßig gießen; Rückschnitt des Sprosses im Herbst. **Überwinterung:** kann geschützt im Freien überwintert werden.

Basilikum

Ocimum basilicum

Blüte: rosapurpur bis weiß von Juli bis September. **Wuchs:** 30 bis 60 cm hoch und 20 bis 60 cm breit, aufrecht. **Licht:** sonnig. **Pflege:** mittlerer bis hoher Nährstoffbedarf; regelmäßig gießen; hoher Wärmeanspruch. **Überwinterung:** im Zimmer pflegen, bei mindestens 8 °C. **Besonderheiten:** aromatisches Würzkraut (Blätter ab Frühjahr bis zur Blüte; frisch verwenden, nicht mitkochen); je nach Sorte Geschmack nach Pfeffer, Anis oder Zitrone; klein- und rotblättrige Arten ergänzen das Sortiment und sorgen für Abwechslung.

Gewöhnlicher Dost, Oregano

Origanum vulgare

Blüte: hellviolett von Juli bis September. **Wuchs:** 30 bis 60 cm hoch und ebenso breit, buschig, horstbildend. **Licht:** sonnig. **Pflege:** pflegeleicht; mittlerer Nährstoffbedarf; wenig bis regelmäßig gießen; Entfernen der Blütentriebe fördert buschigeren Wuchs. **Überwinterung:** an sich winterhart, Topf aber von außen und oben vor starkem Frost schützen. **Besonderheiten:** Würzkraut der mediterranen Küche (Bestandteil der Würzmischung „Italienische Kräuter"); junge Triebe ab dem Frühjahr, Spross während der Blütezeit ernten; lockt Bienen und Schmetterlinge an.

Koriander, Wanzenkraut *Coriandrum sativum* riecht intensiv, blüht weiß von Juni bis Juli (Küchengewürz – reife Samen ab August) und wird bis zu 50 cm hoch. **Licht:** sonnig. **Pflege:** mittlerer Nährstoffbedarf; wenig bis regelmäßig gießen, Jungpflanzen brauchen sehr viel Wasser; einjährig.

Echter Lavendel *Lavandula angustifolia* blüht violett von Juli bis August und duftet intensiv. **Licht:** vollsonnig. **Pflege:** mittlerer Nährstoffbedarf; wenig gießen, vor Staunässe schützen; im zeitigen Frühjahr bis zum alten Holz zur Verjüngung zurückschneiden. **Überwinterung:** frostfrei und hell oder geschützt im Freien.

Kräuter

Petersilie

Petroselinum crispum

Blüte: gelbgrün von Juli bis August, im zweiten Jahr. **Wuchs:** 15 bis 25 cm hoch und 20 bis 40 cm breit, rundlich, rosettenbildend. **Licht:** sonnig bis halbschattig. **Pflege:** pflegeleicht; mittlerer bis hoher Nährstoffbedarf; regelmäßig bis häufig gießen. **Überwinterung:** blüht im zweiten Jahr, deshalb nur einjährig ziehen (Aussaat). **Besonderheiten:** Küchenkraut mit auffälligen Blättern; es gibt krause und glatte Sorten (glattblättrige Petersilie ist aromatischer); geerntet wird das frische Kraut ab dem Frühjahr (für Konservierung im Spätsommer); intensiv duftend.

Rosmarin

Rosmarinus officinalis

Blüte: hellviolett von Mai bis Juni. **Wuchs:** 100 bis 150 cm hoch und 70 bis 120 cm breit, aufrecht buschig. **Licht:** sonnig, geschützt. **Pflege:** wenig düngen; sehr wenig bis regelmäßig gießen; im Herbst oder im Winter bis zum alten Holz zurückschneiden. **Überwinterung:** nicht frosthart, vor dem ersten Frost Töpfe in helles Winterquartier bringen. **Besonderheiten:** Würzkraut, geerntet werden ab dem Frühjahr die jungen Triebspitzen; intensiv duftend; lockt Bienen und Schmetterlinge an; hängende Sorte 'Prostrata' ist auch für Ampeln geeignet.

Noch mehr Kräuter

Garten-Kresse *Lepidium sativum* ist ein einjähriges Küchenkraut. **Licht:** sonnig bis halbschattig. **Pflege:** pflegeleicht; mittlerer Nährstoffbedarf; regelmäßig gießen, nicht austrocknen lassen; immer wieder neu aussäen für kontinuierliche Ernte; auch für Zimmerkultur geeignet.

Zitronenmelisse *Melissa officinalis* duftet intensiv (Küchen-, Tee- und Heilkraut). **Licht:** sonnig. **Pflege:** warmer, geschützter Standort; mittlerer Nährstoffbedarf; wenig bis regelmäßig gießen; Rückschnitt des Sprosses im Herbst. **Überwinterung:** in rauen Lagen Winterschutz nötig.

Garten-Salbei

Salvia officinalis

Blüte: blauviolett bis fliederblau von Juni bis August. **Wuchs:** 50 bis 70 cm hoch und bis 60 cm breit, aufrecht buschiger Halbstrauch. **Licht:** sonnig. **Pflege:** mittlerer Nährstoffbedarf; wenig bis regelmäßig gießen; im Herbst oder Frühjahr bis in das alte Holz zurückschneiden. **Überwinterung:** in rauen Lagen ist Winterschutz empfehlenswert. **Besonderheiten:** Küchen-, Heil- und Teekraut; geerntet werden die jungen Blätter und Triebe vor der Blüte; viele verschiedene Sorten; intensiv duftend; lockt Bienen und Schmetterlinge an.

Garten-Thymian

Thymus vulgaris

Blüte: hellrosa bis purpurrosa von Juli bis September. **Wuchs:** 20 bis 30 cm hoch und 20 bis 40 cm breit, kompakt buschig. **Licht:** sonnig. **Pflege:** pflegeleicht; geringer Nährstoffbedarf; sehr wenig bis regelmäßig gießen; leichter Rückschnitt im Frühjahr. **Überwinterung:** an sich winterhart, Topf aber von außen und oben vor starkem Frost schützen. **Besonderheiten:** Küchen-, Heil- und Teekraut; geerntet werden die jungen Triebe bis zur Blüte; intensiv duftend; lockt Bienen und Schmetterlinge an; viele verschiedene Sorten.

Ananas-Salbei *Salvia elegans* blüht leuchtend rot im Herbst, Blätter duften intensiv nach Ananas. **Licht:** sonnig. **Pflege:** nährstoffreiche Blumenerde; regelmäßig gießen; gelegentlich in Form schneiden; im Spätherbst vor dem Einwintern stark zurückschneiden; sehr frostempfindlich. **Überwinterung:** hell, frostfrei.

Süßkraut *Stevia rebaudiana* kann als Zuckerersatz verwendet werden (Blätter); blüht weiß von Juli bis August. **Licht:** sonnig. **Pflege:** nährstoffreiche Blumenerde; regelmäßig bis häufig gießen; Rückschnitt im Herbst. **Überwinterung:** frostfreie Lagerung der Wurzelstöcke bei 5 bis 8 °C.

Obst

Erdbeere

Fragaria x ananassa

Blüte: weiß von April bis Juni (remontierende Sorten bis September). **Wuchs:** 15 bis 25 cm hoch und bis 30 cm breit, kompakt bis flach wachsend, bildet Ausläufer. **Licht:** sonnig bis halbschattig. **Pflege:** pflegeleicht; mittlerer bis hoher Nährstoffbedarf; regelmäßig gießen; durchlässige, fruchtbare Erde; Ernte der roten Früchte im Juni und Juli. **Überwinterung:** Töpfe im Freien mit Reisig vor Frost schützen. **Besonderheiten:** meist selbstfruchtbar, Ausläufer bildende Sorten auch gut für Ampeln; Kinderpflanze; es gibt ein- und zweimal tragende Sorten.

Apfel

Malus domestica

Blüte: weiß bis zartrosa von April bis Mai. **Wuchs:** für Balkon und Terrasse spezielle 'Ballerina'-Sorten wählen – spindelförmig bis schmal ausladend; Höhe und Breite je nach Erziehung und Unterlage. **Licht:** sonnig. **Pflege:** mittlerer Nährstoffbedarf; regelmäßig gießen; Ernte von August bis Oktober; Erziehungsschnitt, später Auslichtungsschnitt im Spätwinter. **Überwinterung:** Topf mit Reisig gegen Frost schützen. **Besonderheiten:** Kleinbaum bis Hochstamm, Größe variierbar durch verschiedene Unterlagen; selbstunfruchtbar, Befruchtersorte notwendig.

Balkon-Obst in Hülle und Fülle

Kiwi *Actinidia deliciosa* blüht weißlich im Juni. Weibliche und männliche Pflanzen für Ertrag nötig. **Licht:** sonnig bis halbschattig. **Pflege:** nährstoffreiche Erde; regelmäßig gießen; nach der Blüte oder im Frühjahr auf drei oder vier Knospen zurückschneiden; Ernte von Oktober bis November. **Überwinterung:** Winterschutz nötig.

Himbeere *Rubus idaeus* blüht weiß bis cremefarben von Mai bis August/September. **Licht:** sonnig bis halbschattig. **Pflege:** ausgeglichener bis hoher Nährstoffbedarf; regelmäßig gießen; Ernte von Juni bis Oktober; abgetragene Ruten nach der Ernte entfernen; auch gelbe Sorten; selbstfruchtbar.

Rote/Weiße Johannisbeere

Ribes rubrum

Blüte: hellgrün im April. **Wuchs:** 100 bis 150 cm hoch und 80 bis 120 cm breit, aufrecht strauchförmig, vor allem Hochstämmchen sind für den Kübel geeignet. **Licht:** sonnig bis halbschattig. **Pflege:** mittlerer bis hoher Nährstoffbedarf; regelmäßig gießen; nach der Ernte von Juni bis August alle Basistriebe entfernen, die älter als vier Jahre sind. **Überwinterung:** Winterschutz im Kübel empfehlenswert. **Besonderheiten:** selbstfruchtbar, zusätzliche Befruchtersorte empfehlenswert; auch Schwarze Johannisbeere (*Ribes nigrum*, Reifezeit im Juli).

Stachelbeere

Ribes uva-crispa

Blüte: weißlich grün von April bis Mai. **Wuchs:** 80 bis 100 cm hoch, als Hochstamm sogar bis 2 m hoch und 80 bis 100 cm breit, aufrecht überhängend bis flach wachsend. **Licht:** sonnig bis halbschattig. **Pflege:** mittlerer Nährstoffbedarf; regelmäßig gießen; nach der Ernte im Juli alle Basistriebe entfernen, die älter als vier Jahre sind. **Überwinterung:** Winterschutz im Kübel empfehlenswert. **Besonderheiten:** als Strauch oder Stämmchen; selbstfruchtbar, zusätzliche Befruchtersorte empfehlenswert; es gibt Sorten mit grünen, gelben und rötlich-blauen Beeren.

Tafeltraube *Vitis vinifera* blüht unscheinbar von Mai bis Anfang Juni. **Licht:** sonnig. **Pflege:** nährstoffreiche Blumenerde; wenig gießen; auf widerstandsfähige Sorten achten; Erziehungsschnitt notwendig, später Zapfen- und Bogenschnitt; Ernte sortenabhängig von Ende August bis Oktober.

Extra-Tipp

Resistente Sorten Bevorzugen Sie krankheitsresistente Sorten und halten Sie die Standortbedingungen ein: Die meisten Obstgehölze brauchen einen sonnigen Platz. Achten Sie beim Kauf eines Apfel-, Pfirsich- oder Birnenbäumchens auf schwachwüchsige Sorten und darauf, ob eine andere Sorte (Pollenspender) nötig ist.

Gemüse

Paprika
Capsicum annuum

Blüte: weiß, gelb von Juni bis Juli. **Wuchs:** 40 bis 100 cm hoch und bis 50 cm breit, aufrecht, buschig. **Licht:** sonnig. **Pflege:** pflegeleicht; mittlerer bis hoher Nährstoffbedarf; regelmäßig gießen (bei Wassermangel können Blüten vorzeitig abgeworfen werden); sehr wärmebedürftig; am besten Jungpflanzen kaufen und ab Ende Mai ins Freie setzen (geschützt) oder Aussaat ab Februar in Saatkisten. **Besonderheiten:** Ernte der Paprikafrüchte von Spätsommer bis Herbst; Verwendung roh oder gekocht, als Gewürz und auch getrocknet.

Pflücksalat, Schnittsalat
Lactuca sativa var. *crispa*

Wuchs: bis 15 cm hoch und 10 cm breit. **Licht:** sonnig. **Pflege:** pflegeleicht; mittlerer bis hoher Nährstoffbedarf; regelmäßig bis häufig gießen (gleichmäßige Bodenfeuchte ist wichtig); ab März in Sätzen aussäen (ab Februar unter Glas), damit man von Mai bis in den Herbst hinein ernten kann; Pflanzung von April bis August; weniger anfällig für Schnecken als Kopfsalat. **Besonderheiten:** viele Sorten mit krausen oder glatten, grünen oder roten Blättern (zum Beispiel Eissalat, Eichblattsalat,'Lollo Rosso'); schöne Kinderpflanze.

Auffallende Gemüse für Töpfe und Kübel

Mangold *Beta vulgaris* var. *vulgaris* wird von Juni bis Oktober geerntet (äußere Blätter oder gesamte Pflanze). **Licht:** sonnig. **Pflege:** pflegeleicht; mittlerer bis hoher Nährstoffbedarf; regelmäßig gießen; in Abständen von Frühjahr bis Frühsommer aussäen, um kontinuierlich ernten zu können.

Zucchini *Cucurbita pepo* var. *giromontiina* hat ab Mai erste Früchte; diese rechtzeitig ernten, da sie sonst zu groß werden und fahl schmecken. **Licht:** sonnig. **Pflege:** unkompliziert; reichlich düngen; regelmäßig bis häufig gießen; braucht einen großen Topf; es gibt auch gelbe Sorten.

Tomate

Lycopersicon esculentum

Wuchs: bis 1,5 m hoch und 60 cm breit. **Licht:** sonnig. **Pflege:** reichlich düngen; regelmäßig gießen, Blätter trocken halten; Aussaat im März in Saatschalen, Pflanzung ab Mitte Mai (zugekaufte Jungpflanzen bringen meist höhere Ernten); Seitentriebe regelmäßig ausbrechen; keinesfalls Schutzhauben verwenden, sehr gut ist ein Regendach, das Seitenlüftung sichert (so wird Befall mit der Krautfäule verhindert); Ernte von Sommer bis Herbst. **Besonderheiten:** unzählige Sorten in verschiedenen Größen, Formen und Farben.

Radieschen

Raphanus sativus var. *sativus*

Wuchs: bis 15 cm hoch und ebenso breit. **Licht:** sonnig. **Pflege:** pflegeleicht; mittlerer Nährstoffbedarf; regelmäßig gießen (gleichmäßige Bodenfeuchte ist wichtig), bei Trockenheit werden die Radieschen holzig; auf Gemüsefliegen achten; Aussaat im Winter im Gewächshaus oder Frühbeet, ab März (bis Anfang September) direkt im Freien; Ernte beginnt vier bis zehn Wochen nach der Aussaat. **Besonderheiten:** Verwendung der rohen Wurzelknolle; Sorten in verschiedenen Formen; Kinderpflanze, da schneller Ernteerfolg zu sehen ist.

Feuerbohne *Phaseolus coccineus* blüht sehr auffällig orangerot von Juli bis August. **Licht:** sonnig. **Pflege:** pflegeleicht; vorsichtig und wenig düngen, regelmäßig und gleichmäßig gießen; Aussaat im April oder Mai; braucht eine Kletterhilfe, wird bis zu 2 m und höher; Ernte der unreifen Hülsen ab Juli bis in den September.

Extra-Tipp

Praktische Saatscheiben Wer es sich bei der Aussaat einfach machen möchte, besorgt sich Saatscheiben oder -bänder. Diese werden in einen Topf oder Kasten direkt auf das Substrat gelegt und mit etwas Erde bedeckt, dann angießen und fertig. Die Pflanzen wachsen im richtigen Abstand, das Pikieren entfällt.

Infos und Adressen

Topfpflanzen sowie Pflanzgefäße und Zubehör bekommen Sie in Gärtnereien, Gartencentern und Blumenläden sowie auf Märkten. Wer auf der Suche nach ausgefalleneren Pflanzen ist, wendet sich an Spezialbetriebe. Nachstehend haben wir zu den wichtigsten Themen eine Auswahl der Firmen, die auch versenden, aufgelistet.

Eine optimale Informationsquelle in allen Pflanzen-Angelegenheiten bietet Ihnen das Gartenforum der Zeitschrift MEIN SCHÖNER GARTEN (*www.mein-schöner-garten.de*).

Reise-Tipp: Einen abwechslungsreichen Topfgarten der monatlich erscheinenden Zeitschrift Lisa Blumen & Pflanzen mit weit über 100 bepflanzten Gefäßen aus allen möglichen Bereichen wie Balkon- und Kübelpflanzen, Gemüse und Obst, Duftpflanzen, Kletterpflanzen, Kräuter, Gräser, Rosen und Gehölze finden Sie jährlich von Mitte Mai bis Ende Oktober auf der Blumen-Insel Mainau am Bodensee.

Bezugsquellen

Seite 7: Balkonmöbel
Weishäupl Möbelwerkstätten GmbH
Neumühlweg 9
83067 Stephanskirchen
www.weishaeupl.de

Seite 8: Metallständer
IKEA Warenhäuser

Seite 8: Ecketagere
Seite 34: Bestelltisch
Car Selbstbaumöbel
Gutenbergstraße 9a
24558 Henstedt-Ulzburg
www.car-moebel.de

Seite 17: Terrakotta-Topf
Seite 46: Winterschutz
Kehrle Accente (Eschbach GmbH)
Monte da Vinci
53819 Neunkirchen/Siegburg
www.eschbach-accente.de

S. 30: Porzellanschilder
Die Gartengalerie
Wössinger Straße 15
75045 Walzbachtal-Wössingen
www.diegartengalerie.de

Balkonpflanzen

Gärtner Pötschke
Beuthener Straße 4
41561 Kaarst
www.gaertner-poetschke.de

Ahrens + Sieberz
Hauptstraße 440
53718 Siegburg-Seligenthal
www.as-garten.de

Baldur-Garten
Elbinger Straße 12
64625 Bensheim
www.baldur-garten.de

Dieter Stegmeier
Unteres Dorf 7
73457 Essingen
www.gaertnerei-stegmeier.de

Kübelpflanzen

Flora Mediterranea
Königsgütler 5
84072 Au/Hallertau
www.floramediterranea.de

Flora Toskana
Schillerstraße 25
89278 Nersingen OT Straß
www.flora-toskana.de

Obstgehölze

Häberli Obst- u.
Beerenzentrum GmbH
97957 Wittighausen
www.haeberli-beeren.ch

Bewässerungssysteme, Kästen mit Wassertank

Ebert Garden Design (Fiskars)
Oststr. 23
32051 Herford
www.fiskars.de

Emsa-Werke - Wulf GmbH & Co.
Grevener Damm 215-225
48282 Emsdetten
www.emsa.de

Wilhelm Haug
Eisenbahnstraße 32
72119 Ammerbuch-Pfäffingen
www.manna.de

Gardena Holding
Hans-Lorenser-Straße 40
89079 Ulm
www.gardena.com

Tropf Blumat
Weninger GmbH & Co. KG
Hag 7
A-6410 Telfs
www.blumat.at

Weitere Adressen für Garten-Accessoires und Gefäße

Obi@Otto
Alter Teichweg 25
22081 Hamburg
www.obi@otto.de

Ebert Garden Design
Oststr. 23
32051 Herford
www.fiskars.de

Pötschke Ambiente
41561 Kaarst
www.poetschke-ambiente.de

Emsa-Werke - Wulf GmbH & Co.
Grevener Damm 215-225
48282 Emsdetten
www.emsa.de

Trost Terracotta
Bottstraße 1
69231 Rauenberg
www.rauenberger-terracotta.de

Country Garden
Nagolderstraße 27
72119 Ammerbuch-Pfäffingen
www.country-garden.com

Grüne Erde
Frauenstraße 6
80469 München
www.grueneerde.de

Blattwerk – Stiftung Liebenau
Siggenweilerstraße 11
88074 Meckenbeuren
www.blattwerk-versand.de

Register

Die **halbfett** markierten Seitenzahlen verweisen auf Abbildungen.

Abutilon pictum **72**
Abutilon x hybridum 72
Acalypha hispaniolae 50
Acca sellowiana 72
Actinidia deliciosa 86
Aeonium arboreum 'Atropurpureum' 70, **70**
Agapanthus-Hybriden 72, **72**
Ageratum houstonianum 50
Ajania pacifica 50, **50**
Albizia julibrissin 72
Allium schoenoprasum 82, **82**
Aloe Vera 70
Aloysia triphylla 82
Ananas-Salbei 85
Antirrhinum majus 50, **50**
Apfel 86, **86**
Argyranthemum frutescens 73, **73**
Armenische Trauben-hyazinthe 69
Artemisia dracunculus 82
Artemisia schmidtiana 66
Asiatischer Felberich 61
Asteriscus maritimus 51
Aucuba japonica 73
Aussaat 44
Australisches Gänseblümchen 53
Aztekengold 63

Balkonkasten 9ff., **10**, 15
– bepflanzen, 41, **41**
Ball-Hortensie 77, **77**
Banane, Japanische Faser- 77
Bart-Nelke 56
Basilikum 83, **83**

Bauern-Hortensie 77, **77**
Bauernorchidee 64
Begonia semperflorens 51
Begonie, Eis- 51
Begonie, Elatior- 51, **51**
Begonie, Knollen- 52
Bellis perennis 52
Bepflanzung 40
Berlandiera lyriata 53
Beta vulgaris var. *vulgaris* 88
Bewässerung 42, **42**
Bewässerungssystem 39, **39**
Bidens ferulifolia 51, **51**
Blattläuse 45, **45**
Blaue Fächerblume 63, **63**
Blaues Gänseblümchen 53
Blaustern, Spanischer Glocken- 68
Bleiwurz 78
Blumenampel 24, 40f.
Blumenrohr, Indisches 76, **76**
Bougainvillea glabra 73, **73**
Brachyscome multifida 53
Brasilianische Guave 72
Brugmansia suaveolens 74, **74**
Buchsbaum 66
Buntnessel 17, 67, 67
Buxus sempervirens 66

***C**alceolaria integrifolia* 52, **52**
Calendula officinalis 54
Calibrachoa 52
Callistemon citrinus 74, **74**
Callistephus chinensis 54
Camellia japonica 73
Campanula isophylla 55
Campsis radicans 80
Canna-Indica-Hybriden 76, **76**
Capsicum annuum 88, **88**
Cassia corymbosa 79, **79**
Celosia argentea 53, **53**
Cestrum elegans 74
Chinesischer Roseneibisch 76, **76**
Chinesischer Sternjasmin 81
Choisya ternata 74
Chrysantemum indicum 53
Chrysanthemum x *grandiflorum* 53, **53**
Cinerarie 61, **61**
Citrus aurantiifolia 75, **75**
Citrus limon 75, **75**
Clematis 80, **80**
Coleus 17, 67, **67**
Coriandrum sativum 83
Crocus vernus 68, **68**
Cucurbita pepo var. *giromontiina* 88
Cuphea llavea 54, **54**
Cyrtanthus elatus 69

***D**elsoperma cooperi* 55
Dianthus barbatus 56
Diascia barberae 54, **54**
Dickblatt, Rosetten- 70, **70**
Dimorphoteca sinuata 56
Dost, Gewöhnlicher 83, **83**
Duftgeranie, Zitronen- 60, **60**
Duftpflanzen 22
Duftsteinrich 57, **57**
Duftwicken **24**
Dukatenblume 51
Düngen 42, **43**

Echeverie 70, **70**
Edellieschen 56, **56**
Efeu 67
Einkauf 36
Eis-Begonie 51
Eisenkraut 65, **65**
Elatior-Begonie 51, **51**
Elfenspiegel 58, **58**
Elfensporn 54, **54**
Engelstrompete 74, **74**
Enzianstrauch 78, **78**
Erdbeere **28**, 86, **86**
Erysimum cheiri 57
Erythrina crista-galli 75
Estragon 82
Euryops chrysanthemoides 57

Faser-Banane, Japanische 77
Feigenbaum, Echter 75
Felberich, Asiatischer 61
Felicia amelloides 58
Fetthenne, Scharfe 71, **71**
Feuerbohne 89
Ficus carica 75
Fleißiges Lieschen **17**, 56, **56**
Fragaria x *ananassa* 86, **86**
Frühjahrspflanzung 69
Frühlings-Krokus 68, **68**
Fuchsie 55, **55**
Fuchsschwanz, Hängender 50
Funkie 17, **17**, 77, **77**

***G**alanthus nivalis* 68
Gänseblümchen, Australisches 53
Gänseblümchen, Blaues 53
Garten-Kresse 84
Garten-Ringelblume 54
Garten-Salbei 85, **85**
Garten-Stiefmütterchen 65, **65**
Garten-Thymian 85, **85**
Gauklerblume 62
Gaultheria procumbens 58
Gazania ringens 59
Gelbe Strauchmargerite 57
Gemüse 28, 88
Geranie 14, **14**, 59f., **59f.**
Gewöhnlicher Buchsbaum 66
Gewöhnlicher Dost 83, **83**
Gewöhnlicher Efeu 67
Gewürzrinde 79, **79**
Gießen 42, **42**
Giftpflanzen 32
Glechoma hederacea 67
Glocken-Blaustern, Spanischer 68
Glockenblume 55
Gnaphalium 66, **66**
Goldlack 57
Goldmarie 51, 51
Goldstern-Wedelie 65
Goldtaler 51
Goldzweizahn 51, **51**
Gottesauge 51
Granatapfel 78
Greiskraut 67, 67
Großes Löwenmäulchen 50, **50**
Guernsey-Lilie 69
Gundermann 67

Hahnenkamm 53, **53**
Halbschatten 16
Hammerstrauch 74
Hanfpalme 79
Hängeampeln 40, **40**

ANHANG

Hängende Pelargonie 59, **59**
Hängender Fuchsschwanz 50
Hänge-Petunie 61, **61**
Hängepflanzen 24, **24**
Harfenstrauch 66, **66**
Hauswurz 71, **71**
Hebe x *andersonii* 60
Hedera helix 67
Helianthus annuus 60
Helichrysum petiolare 66, **66**
Heliotropium arborescens 55, **55**
Herbst-Chrysantheme 53, **53**
Hibiscus-Rosa-Sinensis-
Hybriden 76, **76**
Himbeere 86
Himmelblaue Prunkwinde 80
Hochstämmchen 43, **43**
Hortensie 77, **77**
Hosta 17, **17**, 77, **77**
Husarenknopf 63, **63**
Hyacinthoides hispanica 68
Hyacinthus orientalis 68, **68**
Hyazinthe 68, **68**
Hydrangea macrophylla 77, **77**

Impatiens-Neuguinea-
Hybriden 55, **55**
Impatiens-Walleriana-
Hybriden 56, **56**
Indisches Blumenrohr 76, **76**
Ipomoea tricolor 80

Jacobslilie 69
Japanische Faser-Banane 77
Johannisbeere 87, **87**
Jungpflanzen, 37, **37**

Kamelie 73
Kapaster 58
Kapkörbchen 56, 59, **59**
Kapuzinerkresse 64
Kassie 79, **79**
Katzenschwanz 50
Kinder 32
Kissen-Phlox 63
Kiwi 86, 86
Kletterpflanzen 80
Kleine Studentenblume 64, **64**
Kletterpflanzen 26
Knollen-Begonie 51
Korallenstrauch 75, **75**
Koriander 83
Kräuter 30, 78
Kresse, Garten- 84
Krokus, Frühlings- 68, **68**
Kübelpflanzen 13
Kunststofftöpfe 38

Lactuca sativa var. *crispa* 88, **88**
Lantana camara 78, **78**
Lathyrus latifolius 80, **80**
Laurus nobilis 76
Lavandula angustifolia 83
Lavendel, Echter 83
Leberbalsam 50
Lepidium sativum 84
Leptospermum scoparium 76
Leucocoryne-Sorten 69
Levkoje 61
Lieschen, Edel- 56
Lieschen, Fleißiges 56
Limette 75, **75**
Lobelia erinus 57, **57**
Lobularia maritima 57, **57**
Lorbeer, Echter 76
Löwenmäulchen, Großes 50, **50**
Lycianthes rantonnetii 78, **78**
Lycopersicon esculentum 89, **89**
Lysimachia congestiflora 61

Malus domestica 86, **86**
Mangold 88
Männertreu 57, **57**
Maßliebchen 52
Matthiola incana 61
Mauerpfeffer, Scharfer 71, **71**
Mediterranes Flair 19
Melissa officinalis 84
Mentha x *piperita* 82, **82**
Millionbells® 52, **52**
Mimulus x *hybridus* 62
Mittagsblume, Stauden- 55
Mittagsgold 59
Musa basjoo
Muscari armeniacum 69

Nachtphlox 65
Narzisse 69, **69**
Nemesia fruticans 58, **58**
Nerine bowdenii 69
Nerium oleander 79, **79**
Nicotiana x *sanderae* 58, **58**
Nierembergia hippomanica 62

Obst 28, 86
Ocimum basilicum 83, **83**
Olea europaea 77
Oleander 79, **79**
Olive, Echte 77
Orangenblume 74
Oregano 83, **83**
Origanum vulgare 83, **83**
Osteospemum ecklonis 59, **59**

Pantoffelblume 52, **52**
Paprika 88, **88**
Passiflora caerulea 81, **81**
Passionsblume 81, **81**
Pazifik-Margerite 50, **50**
Pelargonie, Hängende 59, **59**
Pelargonium crispum 60, **60**
Pelargonium peltatum 59, **59**
Pentas lanceolata 60, **60**
Pericallis x *hybrida* 61, **61**
Petersilie 84, **84**
Petroselinum crispum 84, **84**
Petunia x *atkinsiana* 61, **61**
Petunie 14, **14**, 25, 61, **61**
Pfefferminze 82, **82**
Pflanzenkauf 36
Pflanzenqualität 36
Pflanzenvermehrung 44
Pflanzgefäße 38
Pflege 42, 48
Pflücksalat 88, **88**
Phaesolus coccineus 89
Phlox subulata 63
Phlox, Kissen- 63
Phlox, Polster- 63
Plectranthus forsteri 66, **66**
Plumbago auriculata 78
Polster-Phlox 63
Portulaca-Grandiflora-
Hybriden 62, **62**
Portulakröschen 62, **62**
Porzellanblümchen 71
Pracht-Salbei 62, **62**

Prinzessinnenstrauch 79
Prunkwinde, Himmelblaue 80
Punica granatum 78

Radieschen 89, 89
Raphanus sativus var. *sativus* 89, **89**
Rebhuhnbeere 58
Reichblühendes Fettblatt 71
Rhipsalis 71
Ribes rubrum 87, **87**
Ribes uva-crispa 87, **87**
Ringelblume, Garten- 54
Rosen 20, **20**
Roseneibisch, Chinesischer 76, **76**
Rosetten-Dickblatt 70, **70**
Rosmarin 84, **84**
Rosmarinus officinalis 84, **84**
Rote Johannisbeere 87, **87**
Rote Teppichbere 58
Rubus idaeus 86
Ruhrkraut 66, **66**
Rutenkakatus 71

Saatbänder 89
Saatscheiben 89
Salbei, Ananas- 85
Salbei, Garten- 85, **85**
Salbei, Pracht- 62 ,**62**
Salvia elegans 85
Salvia officinalis 85, **85**
Salvia splendens 62, **62**
Sandplatz 33
Sanvitalia procumbens 63, **63**
Sanvitalia speciosa 63
Saure Limette 75, **75**
Saxifraga umbrosa 71
Scaevola saligna 63, **63**
Schädlingsbefall 45
Schalen 38
Scharfe Fetthenne 71, **71**
Scharfer Mauerpfeffer 71, **71**
Schatten 16
Schlafender Seidenbaum 72
Schmucklilie 72, 72
Schneeflockenblume 64, **64**
Schneeglöckchen 68
Schnittlauch 82, **82**
Schnittsalat 88, **88**
Schokoladenblume 53
Schönfaden 74, **74**
Schönmlave 72, **72**
Schwarzäugige Susanne 26, 81, **81**
Sedum acre 71, **71**
Sedum floriferum 71
Sempervivum tectorum 71, **71**
Senecio cineraria 67, **67**
Senna corymbosa 79, **79**
Sichtschutz 7, 26, 81
Silberblatt 67, **67**
Silberraute 66
Solanum rantonnetii 78, **78**
Solenostemon scutellarioides 17, 67, **67**
Sommer-Amaryllis 69
Sommeraster 54
Sonnenblume 60
Sonnenglanz 69
Spanischer Glocken-Blaustern 68
Sprekelia formosissima 69
Stachelbeere 87, **87**
Stauden-Mittagsblume 55
Staudenwicke 80, **80**
Stechapfel 74, **74**
Stecklinge 44f., **44**
Sternbalsam 65
Sternjasmin, Chinesischer 81
Stevia rebaudiana 85
Stiefmütterchen 65, **65**
Strauchmargarite 57, 73, **73**
Strauch-Veronika 60
Strukturpflanzen 66
Studentenblume, Kleine 64, **64**
Südseemyrte 76
Süßkraut 85
Sutera diffusus 64, **64**

Tafeltraube 87
Tagetes patula 64, **64**
Tausendschön 52
Teppichbeere, Rote 58
Terrakotta 38, **39**
Thunbergia alata 81, **81**
Thymian, Garten- 85, **85**
Thymus vulgaris 85, **85**
Tibouchina urvilleana 79
Tomate 28, **28**, 89, **89**
Töpfe 38
Torenia fournieri 64
Trachelospermum jasminoides 81
Trachycarpus fortunei 79
Traubenhyazinthe, Armenische 69
Trompetenblume 80
Tropaeolum majus 64
Tulbaghia violaceae 69
Tulipa-Hybriden 69, **69**
Tulpen 69, **69**

Überwinterung 46

Vanilleblume 55, **55**
Veilchenstrauch 79
Verbene 65, **65**
Verblühtes abschneiden 42, **42**
Vermehrung 44
Veronika, Strauch- 60
Viola x *wittrockiana*-Hybriden 65, **65**
Vitis vinifera 87

Waldrebe 80, **80**
Wandelröschen 78, **78**
Wässern 42, 42
Wasserspeichermatten **38**
Wedelia triloba 65
Weihrauch 66, **66**
Weintraube 87
Weiße Fliege 45, **45**
Weiße Johannisbeere 87
Windlichter 34
Winteraster 53, **53**
Winterschutz 46, **46**
Wurzelstockteilung 45, **45**

***Z**aluzianskya capensis* 65
Zauberglöckchen 52, **52**
Ziertabak 22, 58, **58**
Zigarettenblümchen 54, **54**
Zitrone 75, **75**
Zitronen-Duftgeranie 60, **60**
Zitronenmelisse 84
Zitronenstrauch 82
Zitronenverbene 82
Zitruspflanzen 19
Zucchini 88
Zylinderputzer 74, **74**

Mit 150 Farbfotos von:
Car Selbstbaumöbel, Henstedt-Ulzburg: 8, oli, 34 uli;
Clematis-Westphal, Prisdorf: 80 li;
Die Gartengalerie/Monika Tittlbach, Walzbachtal-Wössingen: 30;
Eschbach GmbH, Neunkirchen/Siegburg: 17 u, 46 (alle vier);
Fischer GmbH & Co. KG, Hillscheid: 36;
Flora Press, Hamburg; 2/3, 6, 9, 14 ore, 16, 18, 20, 21, 25, 26, 34 oli, 34 re, 35, 38 li, 40, 47 oli, 88 li;
Florensis Deutschland GbmH, Stuttgart: 1;
Gardena, Kress & Kastner GmbH, Ulm: 39 u;
Gartenschatz, Stuttgart: 37 oli, 50 (beide), 51 li, 52 li, 53 li, 54 li, 55 re, 56 (beide), 57 li, 58 re, 59 re, 61 (beide), 62 (beide), 63 re, 64 (beide), 65 (beide), 66 li, 67 (beide), 68 (beide), 69 (beide), 71 (beide), 72 (beide), 73 (beide), 74 (beide), 75 li, 76 re, 77 re, 78 re, 79 (beide), 80 re, 81 (beide), 82 (beide), 83 (beide), 84 (beide), 85 li, 86 re, 87 (beide), 88 re, 89 re;
Häberli AG, CH-Neukirch-Egnach: 86 li;
IKEA Deutschland, Hofheim-Wallau: 8 ure;
Petra Jarosch, Schutterwald: 10 oli, 19;
Kientzler GmbH & Co. KG, Gensingen: 12, 17 o, 24 uli, 37 u, 51 re, 52 re, 54 re, 55 li, 58 li, 59 li, 63 li, 66 re, 77 li, 78 li, 85 re;
Engelbert Kötter, Walldürn-Rippberg: 38 re;
Mein schöner Garten/Bodo Butz, Offenburg: 41 (alle vier), 43 , 47 ure;
Clive Nichols, GB-Banbury: 32;
Tanja Ratsch, Ulm: 75 re;
Wolfgang Redeleit, Bienenbüttel: 11, 13, 14 ure, 22, 28 (beide), 39 oli, 42 li, 44 (alle vier), 89 li;
Reinhard-Tierfoto/Hans Reinhard, Heiligkreuzsteinach-Eiterbach: 10 ure, 15, 23, 29, 31, 45 uli, 45 uMi, 53 re, 57 re, 60 (beide), 70 re, 76 li;
Reinhard-Tierfoto/Nils Reinhard, Heiligkreuzsteinach-Eiterbach: 27, 33, 49, 70 li;
Friedrich Strauß, Au/Hallertau: 5, 42 re, 45 ore;
Thompson & Morgan, Niederaula: 24 ore;
Weishäupl Möbelwerkstätten GmbH, Stephanskirchen: 7.

Mit 3 Illustrationen von:
Wolfgang Lang, Grafenau-Döffingen: 43.

Die Blütenfarben sind sortenabhängig, daher können auch Farben auf dem Markt sein, die im Buch nicht genannt werden. Die Blütezeiten sind ebenfalls sortenabhängig, aber auch klima- und standortabhängig. Die angegebenen Wuchshöhen und -breiten der Pflanzen sind Mittelwerte. Sie können je nach Nährstoffbehalt des Substrates variieren. Verschiedene Sorten können deutlich größer oder auch kleiner wachsen als die Art.

Alle Angaben in diesem Buch sind sorgfältig geprüft und geben den neuesten Wissensstand bei der Veröffentlichung wieder. Da sich das Wissen aber laufend in rascher Folge weiterentwickelt und vergrößert, muss jeder Anwender prüfen, ob die Angaben nicht durch neuere Erkenntnisse überholt sind. Dazu muss er zum Beispiel Beipackzettel zu Dünge-, Pflanzenschutz- bzw. Pflanzenpflegemitteln lesen und genau befolgen sowie Gebrauchsanweisungen und Gesetze beachten.

Umschlaggestaltung von Atelier Reichert, Stuttgart, unter Verwendung von zwei Fotos von Friedrich Strauß, Au/Hallertau (Hauptmotiv) und Gartenschatz/Stuttgart (Einklinker).

Bibliografische Informationen der Deutschen Bibliothek
Die Deutsche Bibliothek verzeichnet diese Publikation in der Deutschen Nationalbibliografie; detaillierte bibliografische Daten sind im Internet über http://dnb.ddb.de abrufbar.

Gedruckt auf chlorfrei gebleichtem Papier

1. Auflage

ISBN 3-440-09631-9
Redaktion: Carolin Krank
Produktion: DOPPELPUNKT Auch & Grätzbach GbR, Leonberg
Grundlayout: Dietmar Grashoff, Lahr
Printed in Slovakia/Imprimé en Slovaquie

KOSMOS Postfach 10 60 11
D-70049 Stuttgart
TELEFON +49 (0)711-2191-0
FAX +49 (0)711-2191-422
WEB www.kosmos.de
E-MAIL info@kosmos.de

KOSMOS

Die Ratgeber mit Profi-Tipps

- Staudenbeete gestalten und richtig pflegen

Katharina Adams • Dirk Mann
Stauden
ISBN 3-440-10112-6

- Mit neuen Ideen und ausführlichen Pflanzenporträts

Bettina Rehm
Topf- und Kübelpflanzen
ISBN 3-440-09789-7

- Von der Planung bis zur Aussaat und Pflege

Anja Flehmig
Einsteiger-Gärten
ISBN 3-440-09633-5

Je 96 Seiten
Je €/D 7,95
€/A 8,20; sFr 14,2

- Kletternde Pflanzen, blühende Wände, mobile Hecken

Tanja Ratsch
Sichtschutz im Garten
ISBN 3-440-09850-8

- Die besten Rebsorten für den Hausgarten

Angelika Schartl
Wein aus dem Garten
ISBN 3-440-08495-7

- Alles zu Pflanzung, Pflege und Schnitt

Katharina Adams
Buchs
ISBN 3-440-09797-8

Je 48 Seiten
Je €/D 4,95
€/A 5,10; sFr 8,9

Preisänderung vorbehalten

www.kosmos.de